Musikstadt Weimar

Musikstadt Weimar

vorgestellt von Hans John

VEB Deutscher Verlag für Musik
Leipzig

ISBN 3-370-00045-8

2. Auflage

Lizenznummer 418-515/A 24/87
Printed in the German Democratic Republic
Gesamtherstellung: Druckhaus Aufwärts, Leipzig III/18/20-136/87
Typografie: Christel Trinius, Leipzig
Umschlaggestaltung: Renate Herfurth, Leipzig
LSV 8385
Bestellnummer 518 460 8
00900

Vorwort

Weimar, eine in das liebliche Tal der Ilm eingebettete und von anmutigen Höhen umgebene reizvolle Stadt, ist in jedem Jahr Ziel von über zwei Millionen Besuchern aus aller Welt. Stätten deutscher Klassik und repräsentative Bauten der ehemaligen Residenz erfreuen Geist und Auge der Touristen. Zahlreiche Museen, Bibliotheken, Archive, Bildungs-, Forschungs- und kulturelle Einrichtungen, Hoch- und Fachschulen tragen zum Ruf Weimars als Stadt der Kunst und Wissenschaft bei. Hier lebten und wirkten die deutschen Klassiker Goethe, Schiller, Wieland und Herder.

Weimar kann aber auch auf eine bedeutende musikalische Tradition und Gegenwart blicken, die durch Persönlichkeiten wie Johann Walter, Johann Hermann Schein, Melchior Vulpius, Johann Sebastian Bach, Johann Nepomuk Hummel, Franz Liszt, Richard Strauss, Hermann Abendroth, Ottmar Gerster und Johann Cilenšek verkörpert werden. Auch gingen von ihnen viele Impulse und Initiativen aus, und sie beeinflußten wesentlich das deutsche und internationale Musikleben (Gründung des Allgemeinen Deutschen Musikvereins 1861 und der ersten Orchesterschule Deutschlands 1872).

Die heutige Hochschule für Musik »Franz Liszt« führt das Erbe der ehemaligen Orchesterschule weiter. Sie ist eine bedeutende Ausbildungsstätte für alle Bereiche praktischer Musikpflege und zugleich ein wissenschaftliches und pädagogisches Zentrum. Seit 1960 findet hier alljährlich das Internationale Musikseminar der DDR statt, an dem sieben- bis achthundert Teilnehmer aus dem In- und Ausland unter Anleitung hervorragender Gastprofessoren ihre künstlerische Ausbildung vervollkommnen.

Im Deutschen Nationaltheater Weimar wurden zahlreiche Opern und Orchesterwerke vor und nach 1945 ur- bzw. erstaufgeführt.

Starke Beachtung verdient in Weimar auch das künstlerische Volksschaffen.

Es ist also reizvoll, die Musikentwicklung der Stadt in Vergangenheit und Gegenwart darzustellen. Möge das Buch kunstbegeisterte Bürger Weimars erfreuen und den vielen Touristen aus nah und fern die Bedeutung dieses Ortes als Musikstadt vor Augen führen.

Für wertvolle Auskünfte und Hinweise sei Herrn Dipl.-Phil. Gerhard Hendel, Stadtrat für Kultur in Weimar, gedankt.

Dresden, im April 1984 Hans John

Die musikalische Entwicklung bis zur Zeit Johann Sebastian Bachs

Die Anfänge der Musikentwicklung in den thüringischen Landen sind sehr verworren. Bruderkriege und Zwistigkeiten unter den regierenden Herrschern, Auseinandersetzungen mit dem Kaiser und häufige kriegerische Verwicklungen, Landesteilungen, Wechsel der Residenzen usw. ließen eine kontinuierliche Musikpflege anfangs kaum zustande kommen. Bis zur Epoche des Absolutismus zeichnen sich jedoch vier Bereiche der musikalischen Kultur ab: Volksmusik, geistliche Musik, höfische Musik und städtisch-bürgerliche Musik.

Die Volksmusik

Die Volksmusik läßt sich nicht nur für den Weimarer Raum allein darstellen. Sie ist seit alter Zeit allgemeiner Besitz weiter Gebiete Thüringens. Hier findet man einen bodenständigen Schatz von Sagen, Volksliedern, Balladen und Tänzen. Der Weimarer Volksmusikforscher und ehemalige verdienstvolle Leiter des Instituts für Volksmusikforschung an der Hochschule für Musik »Franz Liszt«, Günther Kraft, hat sich mit diesem speziellen Gebiet der Volkskunde intensiv beschäftigt. In seiner Schrift »Die thüringische Musikkultur um 1600« teilt er umfangreiches Quellenmaterial hierüber mit.
Die großen geschichtlichen Ereignisse klingen noch lange in den thüringischen Volksliedern und Sagen nach und wurden mündlich oder schriftlich von Generation zu Generation bis ins 20. Jahrhundert hinein überliefert. Früheste Zeugnisse schöpferischen volkskundlichen Nachgestaltens betreffen zum Beispiel den Untergang des thüringischen Königreiches im Jahre 531. Sie finden sich im »Iringlied« des Widukind und in den »Klagen der Radegunde«. Volkslieder und Volkssagen haben weiterhin die zahlreichen auf thüringischem Boden ausgetragenen Kriege, die Friedensschlüsse und festlichen Ereignisse, die Freuden und Leiden des täglichen Lebens zum Inhalt.
Johann Gottfried Herder erhob bereits im Jahre 1773 die Forderung nach Sammlung deutscher Volkslieder und veröffentlichte 1778 unter dem Titel »Volkslieder« auch eine Anzahl davon aus Thüringen. Genannt seien das Lied vom »Prinzenraub«, das »Erfurter Johanneslied«, das »Thüringerlied« und das »Bauernspottlied«.

Zu den ältesten Zeugnissen thüringischer Folklore gehören Kinderreime und Tanzballaden, zum Beispiel das »Bravoliedchen« (um 1020 entstanden), das noch heute bekannte «Trolliedchen«, »Klopflieder« und andere überlieferte Reime.
Ein wertvoller Schatz von Volksliedern entstammt der Sphäre des thüringischen Minnesangs, als dessen Förderer die Landgrafen von Thüringen im 13. Jahrhundert einen weitbekannten Ruf genossen. Der Herkunft der Minnesänger entsprechend gibt es Lieder sowohl mit bäurischem als auch mit höfischem Einschlag. Zu den mit Thüringen verbundenen Minnesängern zählen Heinrich von Veldeke, Heinrich von Morungen, Walther von der Vogelweide, Wolfram von Eschenbach, Biterolf, Heinrich der Schreiber und Otto von Botenlaube. Besondere Wertschätzung erfuhr der Minnesang durch Landgraf Hermann (gestorben 1217) und seine Gemahlin Sophie. Prägnanter Ausdruck hierfür ist der »Wartburgkrieg« (Sängerkrieg auf der Wartburg), ein poetischer Wettstreit, der der Sage nach 1206 oder 1207 am Hofe des Landgrafen Hermann von Thüringen zu Eisenach stattgefunden haben soll. Um 1260 wurde darüber von einem unbekannten Verfasser ein lyrisch-didaktisches Gedicht in mittelhochdeutscher Sprache verfaßt.
Auch der Spielmann war in Thüringen seit alter Zeit eine geachtete Person. Das bezeugt bereits die für Harfenspieler erlassene Schutzbestimmung in der »Lex Thuringorum« (Gesetzbuch der Thüringer) aus dem 7. Jahrhundert.
Des weiteren sind thüringische Sagen und Märchen als ergiebige Fundgrube für die Entschlüsselung musikgeschichtlicher Ereignisse anzusehen. Verwiesen sei auf das »Thüringer Sagenbuch« von Ludwig Bechstein. Vor allem in den sogenannten Musikantensagen finden sich reiche Schätze thüringischer Volkskultur.
Schließlich gehören zu den folkloristischen Denkmälern auch Volkspossen, Mysterienspiele und Liederhandschriften, zum Beispiel die »Weimarer Liederhandschrift« aus dem Jahre 1537. Sie enthält unter anderem das bekannte Lied »Der Winter ist vergangen«.

Geistliche Musikpflege

Da die wettinischen Herzöge ihre thüringischen Residenzen zwischen Weimar, Altenburg und anderen Orten häufig wechselten, konnte in Weimar anfangs keine kontinuierliche höfische und geistliche Musikpflege gedeihen. Erste sichere Belege über liturgische Musik in der Ilmresidenz liegen seit 1400 vor. 1434 wird vermerkt, daß die Knaben »allezit sullen gehen vor dem werden sacrament mit angetan korhemden vnd zwen brennenden kirzen vnd

auch erwerderlichen vnd lobelichen ane vnderlass syngen, ‚homo quid' etc.«. Die Pflege der geistlichen Musik war zunächst durch das Meißner Vorbild geprägt. Das Hochstift Meißen, in dem seit 1288 die liturgische Musik von »scolares« (Chorschüler) ausgeführt wurde, bildete das Muster für geistliche Stiftungen wettinischer Fürsten in Thüringen. Dieses sakrale Zentrum scheint auch durch Aufstellung einer Orgel 1322 und die Einrichtung des Kantorenamtes für die wettinischen Fürsten vorbildlich gewesen zu sein. So ist in einer Weimarer Urkunde um 1440 von einem Organisten die Rede. 1492 findet sich die Nachricht, daß auf dem »Hornstein«, dem Stadtschloß, anstelle der alten Orgel eine neue mit sechs Registern von Hieronymus Keilholtz erbaut wurde, auf der wahrscheinlich auch Paul Hofhaimer, seinerzeit hochbedeutender Organist, Komponist und Mitglied der kaiserlichen Hofkapelle Maximilians I., gespielt hat. Nach 1451 wurde ein Chor gegründet, der in der Weimarer Schloßkapelle die Kirchenmusik ausführen sollte.
Als 1445 zwischen Friedrich II., dem Sanftmütigen, und Wilhelm III., dem Tapferen, eine Landesteilung erfolgte, erhielt Wilhelm III. Thüringen. Zu diesem Zeitpunkt erlosch das Interesse der thüringischen Fürsten an der Kirchenmusik in Meißen.
1485 wurde das bisher wettinische Weimar ernestinisch und sank zu einer Nebenresidenz ab, während Torgau den Rang einer Hauptresidenz der ernestinischen Fürsten erlangte. Kurfürst Ernst (gest. 1486) und vor allem Friedrich der Weise sowie dessen Bruder Johann der Beständige förderten durch Stiftungen die Musik in der Torgauer Schloßkirche. Sie erließen weitgehende Regelungen und sorgten dafür, daß Laien (»gelarte personen uß der Stad«) zu Musikaufführungen der Hofkapelle herangezogen wurden. Diese Kapellgründung (Kantorei) Friedrichs des Weisen erfolgte 1491 in Torgau. Da die Kantorei öfters auf Reisen ging und alljährlich auch mehrere Monate in Weimar weilte, muß sie zugleich dem Weimarer Musikleben zugerechnet werden. Leiter dieser Vokalkapelle war Conrad Rupsch, Freund und Berater Martin Luthers in musikalischen Angelegenheiten. Als Bassist wirkte der aus Kahla stammende Johann Walter in der Kapelle mit, deren Stärke bis zu dreizehn »Singer« betrug. Hinzu kamen außerdem ein Organist und ein Baccalaureus (Lehrer) für die Sängerknaben. Sie begleiteten Friedrich den Weisen auf dessen ausgedehnten Reisen, musizierten bei zahlreichen Reichstagen und fuhren mit ihm in den Orient an die heiligen Stätten sowie in die Niederlande.
Nachdem die Vokalkapelle Friedrichs des Weisen durch seinen Nachfolger Johann den Beständigen 1525 aufgelöst worden war, erhielten die fähigsten Kapellmitglieder lebenslange »Begnadungen« (finanzielle Zuwendungen).
Um Johann Walter bildete sich 1526 eine leistungsstarke Laienkantorei in

Torgau heraus. Sie musizierte allerdings nur auf dem Schloß, und das gab ihr eine gewisse Sonderstellung. Durch die Wittenberger Kapitulation (1547), die den Schmalkaldischen Krieg beendete und die Ernestiner zur Abtretung der Kurwürde und ihres Nordgebietes mit Torgau an die Albertiner zwang, verlor Walter den ihm sehr gewogenen ernestinischen Landesherrn Johann Friedrich den Großmütigen. Durch seine Tüchtigkeit erwarb sich der »lutherische Erzkantor« rasch die Gunst des albertinischen Kurfürsten Moritz, der ihn schon 1548 mit der Bildung einer neuen Hofkantorei in Dresden beauftragte. Binnen vier Wochen stellte Walter eine leistungsfähige Kantorei zusammen und wurde somit der erste Kapellmeister der Dresdner Hofkapelle. 1554 kehrte er jedoch wieder nach Torgau zurück.

Dem ernestinischen Fürstenhaus stand der Kantor bis an sein Lebensende nahe. Er widmete Johann Wilhelm von Weimar die Vertonung des Luther-Liedes »Erhalt uns, Herr, bei deinem Wort«.

Johann Walter erbrachte große Leistungen für das Musikleben: Erstens war er ein vorzüglicher Leiter mehrerer Kantoreien, zum anderen ein bedeutender Komponist von Kirchenliedern, Liedmotetten und A-cappella-Werken, darunter je einer Vertonung der Matthäus- und Johannespassion. Zum dritten erwarb sich Walter besondere Verdienste auf liturgischem Gebiet.

Unter seinen Chorbüchern nehmen die Weimarer Codices A und B wegen der Reichhaltigkeit der Liedsätze eine hervorragende Stellung ein. In ihnen faßte Walter den gesamten mehrstimmigen Teil der musikalischen Liturgie für das ganze Kirchenjahr zusammen. Gebrauchshandschriften hiervon befinden sich auch in Gotha und Berlin. Die Weimarer Codices sind aber zuletzt entstanden und daher als endgültige Fassungen der lutherischen Bestrebungen zu betrachten.

Des weiteren gab Walter das erste evangelische »Geystliche gesangk Buchleyn« (Wittenberg 1524, mit einer Vorrede Luthers) heraus und half dem Reformator bei der Ausarbeitung einer neuen Gottesdienstordnung sowie der Deutschen Messe.

Nach der Wittenberger Kapitulation wurde Weimar Hauptresidenz der Ernestiner. Diese waren bestrebt, an ihrem Hof ein reichhaltiges Musikleben zu entwickeln. Eine Urkunde aus dem Jahre 1552 bezeugt, daß in der Schloßkirche vier Schüler den Litaneigesang ausführten. Der Aufbau einer regulären Kantorei erfolgte aber erst 1562. Kantor David Koler aus Altenburg unterbreitete Johann Friedrich dem Mittleren von sich aus den schriftlichen Vorschlag, zwölf Knaben und einen »Bacclarium« als Grundstock einer Kantorei einzustellen. Sie scheint jedoch erst im Jahre 1565 existiert zu haben, denn von diesem Zeitpunkt an datieren die entsprechenden Rechnungen. 1569

bestand die Kapelle (Kantorei) aus dreizehn Mitgliedern. An letzter Stelle im Verzeichnis wird »Johan Eckart« (Johannes Eccard) genannt. Dieser ging 1571 an die Münchner Hofkapelle, wurde Schüler Orlando di Lassos und wirkte später als Kapellmeister in Königsberg und Berlin. Eccard komponierte über zweihundertfünfzig geistliche und weltliche mehrstimmige Lieder und gehört zu den bedeutenden Meistern des evangelischen Kirchenliedsatzes.
1571 wurde die »Cantorey zue Weymar« bereits wieder aufgelöst. Erst 1602 erfolgte eine erneute Gründung. Sie ging auf eine Empfehlung des Herzogs Johann an Oberhofprediger Abraham Lange in Altenburg zurück, Instrumentalisten und Sänger nach Weimar zu schicken, »welche dieses Ortts in der Schlos-Kirchen ofwartten können«. Die Kapellmeister wechselten ziemlich häufig. 1615 bekleidete Johann Hermann Schein in Weimar für die Dauer eines Jahres das Amt des »Fürstlich Sächsischen Hofkapellmeisters«. Er wurde 1616 als Thomaskantor nach Leipzig berufen. Mit seinem «Cymbalum sionium«, einer Sammlung von fünf- bis zwölfstimmigen Motetten, schuf Schein in Weimar bedeutende Kirchenmusik.
Zahlreiche thüringische Komponisten waren auf Grund ihres Werdeganges und ihrer religiösen Überzeugung mit der Reformation verbunden und wirkten im Sinne Luthers und Walters. Einer unter ihnen, Melchior Vulpius, wirkte von 1596 bis zu seinem Tode 1615 als Stadtkantor in Weimar. Hier komponierte er mehr als vierhundert Motetten und Liedsätze, die fortan zum Repertoire von Kantoreien und Schulchören gehörten. Auch vertonte Vulpius eine Passion nach Matthäus (1613). Große Verdienste erwarb er sich durch die Herausgabe eines evangelischen Gesangbuchs mit Noten (1609) und der verbesserten Neuausgabe von Heinrich Fabers »Compendiolum musicae« (Leitfaden der Musik, 1610) zur Verwendung in den Schulen. Ganz im Sinne Luthers leistete Vulpius während der Weimarer Tätigkeit als Lehrer und Kantor einen wichtigen musikerzieherischen Beitrag.

Höfische Musikpflege

Aus dem Jahre 1482 liegen erste aktenkundliche Belege über die Existenz von Instrumentalmusikern vor. Die vor allem in Torgau wirkende Hofkapelle zählte sechs Trompeter, einen Pauker und zwei »Trompeterknechte«. 1491 erhöhte der 1486 an die Regierung gelangte Friedrich der Weise die Anzahl der Trompeter auf acht und nahm zusätzlich einen »Lautenschläger« in die Kapelle auf. Seit 1495 erfolgte ihre kontinuierliche Vergrößerung um »1 Schweizer Pfeifer . . ., 1 Schweizer Pauker«, einen Zinkbläser, zwei »Pfeifer« und einen »Trommelknecht«.

Die Sparsamkeitsbemühungen seines Nachfolgers, Johanns des Beständigen, führten zwar zur Auflösung der Vokalkapelle, brachten aber keine Veränderungen für die Instrumentalisten. 1528 sind neben den erwähnten Musikern vier Geiger und ein Lautenist in der Personalliste verzeichnet. Geiger stellten zu damaliger Zeit eine Besonderheit in der deutschen Hofmusik dar. Unter Johann Friedrich dem Großmütigen wies die Instrumentalkapelle nach einer Vergrößerung im Jahre 1534 folgende Besetzung auf: elf Trompeter, ein Zinkbläser, vier Geiger, ein Lautenist und ein Trommelschläger.
Die Trompeter hatten in der Regel eine vierjährige Ausbildung zu absolvieren. Den Unterricht übernahmen ältere Kapellmitglieder, die für den anstrengenden Heeresdienst nicht mehr tauglich waren.
Das feste Gehalt eines ausgebildeten Trompeters betrug in der Zeit von 1482 bis 1495 zwölf Gulden jährlich, erhöhte sich 1503 auf sechsunddreißig Gulden vierundvierzig Groschen und sank von 1514 bis 1547 auf achtundzwanzig Gulden ab. In besonderen Fällen lagen aber die Sätze höher. So erhielt der Trompeter Georg Schilling auf Verordnung Johann Friedrichs um 1546 einen Sold von achtundvierzig Gulden auf Lebenszeit, ferner zwei Hofkleider und einen Malter Korn jährlich. Das Gehalt der Pfeifer und Pauker ähnelte dem der Trompeter. Weit geringer fiel dagegen der Sold des Zinkbläsers aus, der 1503 nur zwanzig Gulden erhielt. Die Lautenisten und Geiger mußten sich sogar mit zehn Gulden bescheiden. Allerdings kamen noch einige regelmäßige Einkünfte und Akzidenzien hinzu, zum Beispiel Schuh- und Kleidungsgeld. Wenn auch die wirtschaftliche Situation der Instrumentalmusiker, besonders der Trompeter, im allgemeinen zufriedenstellend war, unterlagen sie doch allerlei Diskriminierungen, da sie ja zum »Hoffgesinde« gehörten. Aufschlußreich sind die Nachrichten über ihre Nebenbeschäftigungen, unter anderem als »Forstleifer, Heydereiter oder Gleitzmann«.
Nach dem unglücklichen Ausgang der Schlacht bei Mühlberg und der Wittenberger Kapitulation am 19. Mai 1547 wurden fast alle Musiker in Torgau aus höfischen Diensten entlassen. Urkunden vermerken erst 1554 wieder einen Neubeginn der Instrumentalmusik in der neuen Residenz Weimar. 1562 scheinen sich die Verhältnisse einigermaßen konsolidiert zu haben.
Die Landesteilung von 1566 zwischen Johann Friedrich II. und Johann Wilhelm hatte auch eine Teilung der Kapelle zur Folge. In Weimar verblieben lediglich drei Trompeter, drei Zinkbläser, zwei Geiger und der Pauker. 1572 reduzierte sich die Zahl der Zinkbläser auf zwei. Als Johann Wilhelm 1573 verstarb, wurden die restlichen Hofmusiker entlassen.
Während der Zeit des sog. Interregnums von 1573 bis 1586, in der die gesamten ernestinischen Lande unter albertinischer Vorherrschaft standen, scheint

es kaum ernsthafte Versuche gegeben zu haben, in der Ilmresidenz wieder eine Instrumentalkapelle einzurichten. Erst 1590 lassen sich erneut drei Trompeter nachweisen.
Wie schon gesagt, gingen kurz vor Beginn des 17. Jahrhunderts von Altenburg Bestrebungen aus, eine neue Hofmusik aufzubauen, in der Instrumentalisten und Vokalisten vertreten sein sollten. Die Anfänge der Neugründung liegen im Jahre 1593. Allerdings scheint diese Kapelle erst im Jahre 1602 voll funktionsfähig gewesen zu sein. Sie siedelte zu diesem Zeitpunkt auch endgültig nach Weimar über. An Kapellmitgliedern, »welche von Aldenburgh mit gegen Weimar komen«, werden genannt: »1 Kapellmeister Johann Heroldt, 1 Lautenist, 1 Fidelist, 3 Bassisten, 2 Tenoristen, 2 Altisten und 3 Discantisten«, außerdem noch ein Tenorist und drei Trompeter, insgesamt also eine stattliche Anzahl von Musikern.
Die weitere Entwicklung, die wir schon im Zusammenhang mit der Vokalkapelle skizzierten, geht dahin, daß beide Kapellgruppen, Instrumentalkapelle und Vokalkapelle, zu einer einheitlichen Korporation verschmolzen. Dieser Prozeß ist um 1650 vollzogen.
Nach dem Regierungsantritt Herzog Wilhelms IV. (1626) erhielt das Musikleben Weimars neuen Auftrieb. In den ersten Jahren seiner Regierungszeit wurde eine ganze Reihe guter Musiker in die Hofkapelle aufgenommen und auch besoldungsmäßig günstig gestellt. Da Wilhelm IV. verhältnismäßig lange residierte (bis 1662), wirkten sich auch seine Bemühungen um die Förderung der Musik sehr vorteilhaft aus. Allem Neuen aufgeschlossen, interessierte ihn ganz besonders das italienische Musikschaffen. So sorgte er dafür, daß sich Adam Drese, sein späterer Hofkapellmeister, in Warschau bei dem Italiener Marco Scacchi ausbilden lassen konnte. Wilhelm IV. sandte Drese auch zweimal nach Dresden zu Heinrich Schütz, um dessen Rat und Erfahrungen für den Aufbau der Weimarer Hofmusik einzuholen.
Die Dresdner Musikverhältnisse genossen in dieser Zeit einen vortrefflichen Ruf. Den guten Beziehungen Dreses zu Schütz ist es wohl zu verdanken, daß der Sagittarius 1647 und 1648 die Ilmresidenz besuchte.
Drese reiste auch nach Regensburg und vermutlich nach Venedig, wo er Johann Rosenmüller begegnete. Er muß nach 1660 einen großen Notenmaterialaustausch in die Wege geleitet haben, von dem der eigens für diesen Zweck verfaßte Katalog genaue Kunde gibt.
Als vorzüglicher Komponist schuf Drese verschiedene Bühnenmusiken, vermutlich die Opern »Adam und Eva« und »Die erhöhte Dienstbarkeit« sowie Motetten, Instrumentalwerke und Lieder mit Instrumentalbegleitung. Einige davon beziehen sich direkt auf das Weimarer Musikleben. Die Texte entnahm

Drese der Sammlung »Poetisch- und Musikalisches Lustwäldchen« des Weimarer Hofdichters Georg Neumark.
Obwohl die Regentschaft Wilhelms IV. in die Zeit des Dreißigjährigen Krieges fiel, gab es mannigfaltige Gelegenheiten für musikalische Betätigungen der Hofkapelle. Sie mußte bei Geburtstagen, Hochzeiten, Beisetzungen der fürstlichen Familienmitglieder in Aktion treten und auch an zahlreichen sonstigen höfischen und kirchlichen Feierlichkeiten mitwirken.
Besonders festlich wurde am 19. August 1650 der Jahrestag des Westfälischen Friedens begangen. Hierbei erklang ein Concerto für zwei Chöre mit Instrumenten in zwei Teilen, verfaßt vom Weimarer Stadtorganisten Johann Ernst Löber. Das Werk verrät den Einfluß der Schützschen »Geistlichen Konzerte«. Aus Anlaß des Geburtstags Herzog Wilhelms IV. wurde 1662 auf der Wilhelmsburg ein »Gesprächsspiel« von Georg Neumark aufgeführt, bei dem »Heerpauker und Trompeter mitwirkten und Musen mit eingemischten Instrumenten« auftraten.
Nach dem Ableben Wilhelms IV. im Jahre 1662 erfolgte die Auflösung der Weimarer Hofkapelle. Dennoch verblieben auf der Wilhelmsburg einzelne Musiker, so die Trompeter und Pauker, der Organist und acht Kapellknaben, die fortan zusammen mit den Stadtpfeifern die Hofmusik auszuführen hatten.
Johann Ernst II. trat nun die Regierung an. Eine reguläre Hofkapelle existierte während dieser Zeit jedoch nicht.
Nach dem Tode Johann Ernsts II. (1683) übernahmen dessen Söhne Wilhelm Ernst und Johann Ernst III. gemeinsam die Amtsgeschäfte. Johann Ernst III., für Musik besonders aufgeschlossen, hielt sich eine Privatkapelle, in der im Jahre 1703 Johann Sebastian Bach mitwirkte.
Von Johann Ernst III. ging auch die Initiative zur Neugründung einer Hofkapelle aus, die schrittweise aufgebaut wurde. An ihrer Spitze stand seit 1683 Johann Samuel Drese, ein Vetter Adam Dreses. Mit der Ernennung des Tenoristen Georg Christoph Strattner aus der Privatkapelle Herzog Johann Ernsts III. zum Vizekapellmeister war ein tüchtiger Musiker gewonnen worden. In seiner Bestallungsurkunde vom Jahre 1695 heißt es: »Vors Andere soll er in Abwesenheit unsern itzigen Capellmeisters Johann Samuel Dresens, oder wann derselbe seiner bekanndten Leibesbeschwerung halber nicht fortkommen kann, ieder Zeit bey unser gesamten Capelle dirigiren, und, uf solchem Fall in gedachten Dresens Hause die gewöhnlichen Probierstunden halten, wie nicht weniger zum Dritten, allezeit den Vierdten Sontag in unser Fürstl. Schloßkirchen ein Stück von seiner eigenen Composition, unter seiner Direction aufführen, auch iederzeit, Er mag dirigiren oder nicht, den Tenor sin-

gen ...« Er wird außerdem angehalten, nicht ohne Erlaubnis des Hofmarschalls »über Land zu verreisen«, und muß sich verpflichten, »ieder Zeit bey der Hand zu verbleiben".

Strattner war ein beachtlicher Komponist von Kirchenmusik. In der venezianischen Schreibweise geschult, erinnert seine Klangsprache an die Johann Philipp Kriegers. Virtuos handhabte er die Tonmalerei. Starkes dramatisches Talent bezeugen die »Balletti di Cavallo« (Pferdeballette).

Zum Kapellpersonal gehörte seit 1698 Johann Paul von Westhoff, ein »in der Italiänischen, Frantzösischen und Spanischen Sprache wohl versirter Musicus und Violinist«. Er wirkte zuvor in Dresden als »Informator« der Prinzen Johann Georg IV. und Friedrich August I. (August der Starke, der spätere König von Polen) »in linguis exoticis«. Westhoff wurde dann Geiger der Dresdner Hofkapelle. Der Violinvirtuose und Komponist erlangte bald einen guten Ruf. Ausgedehnte Konzertreisen führten ihn durch viele europäische Länder. In Florenz und Paris wurde er »mit ansehnlichen praesenten begnadiget". Der Kaiser in Wien verlieh ihm eine »güldene Kette«.

Hervorragendes Ansehen genoß Westhoff auch als akademischer Lehrer. So erhielt er »bey Veränderung des Dreßdenischen Hofes, wegen Besteigung des Königl. Polnischen Thrones« an der Universität Wittenberg eine Professur für Fremdsprachen. 1698 wurde Westhoff an den »Hochfürstl. Hof und Capelle zu Weimar beruffen, und ihm der Character eines Cammer-Secretarii beygeleget, in welcher Qualität er an. 1705 im April gestorben ist«. Westhoff gehörte zu den besten deutschen Geigern um die Jahrhundertwende. Besonders gerühmt wurden sein doppel- und mehrgriffiges Spiel und die virtuosen Violinkompositionen. Unter anderem schrieb er »6 Sonaten à Violino Solo e Basso Continuo« (Dresden 1694) und eine »Suite pour le Violon seul sans Basse". Letztere ist das erste bedeutende Stück für Violine allein. Wahrscheinlich lernte Johann Sebastian Bach bei seinem ersten Aufenthalt in Weimar Westhoff noch persönlich kennen und empfing von ihm Anregungen für eigene Kompositionen.

Am Ende des 17. Jahrhunderts gab es auch in Weimar Bestrebungen zur Gründung einer deutschen Oper. Aus Anlaß des Geburtstags von Herzog Ernst erklang am 19. Oktober 1684 eine »Musicalische Freudenfeyer«. Im Rahmen der Geburtstagsfeier der Herzogin Charlotte Maria gelangte am 28. Dezember desselben Jahres die »Glückwünschende Winterlust« durch eine Weißenfelser Theatergruppe im »Fürstlichen Gartenhaus« (der jetzigen Zentralbibliothek der deutschen Klassik) zur Aufführung. Der Librettist Caspar Stieler stammte aus Weimar.

Nach den genannten Opernversuchen (es waren Mischformen zwischen Schauspiel und Singspiel) dauerte es zwölf Jahre, ehe der Hof erneut musikdramatische Bestrebungen initiierte. In der Zwischenzeit gingen diesbezügliche Aktivitäten von der Stadtschule aus.

Eine zweite höfische »Opernperiode« Weimars begann 1696 und währte wiederum nur wenige Jahre. Gespielt wurde nun in dem neuerrichteten Barocktheater auf der Wilhelmsburg. Die Orchestermusiker saßen »vor der Bühne um einen großen Tisch versammelt, auf dem die Noten lagen". Vermutlich gehörte Christoph Strattner zu den Komponisten von Bühnenwerken, die hier zur Aufführung gelangten. Inhaltlich handelte es sich bei ihnen – und den dramatischen Versuchen von 1684 – um die Darstellung historischer und mythologischer Stoffe unter Einbeziehung moralisierender Tendenzen. Auch Schäferidyllen und Ballette wies das Repertoire auf, wobei die erwähnte Weißenfelser Truppe maßgeblich den Spielplan bestritt.

Einige Titel seien hier genannt: 1696 wurde zur Eröffnung des Theaters das Stück «Von der denen lasterhaften Begierden entgegengesetzten tugendlichen Liebe« dargeboten. Hierauf folgte ein »Gesprächsspiel« von Salomon Franck unter dem Titel »Himmelaufflammende Wunschopfer«. 1697 kam »Die erhöhete Dienstbarkeit unter der königlichen Prinzessin Tarquinia mit Servio Tullio geschehener glücklicher Vermählung" zur Aufführung.

Das Libretto des letztgenannten Werkes kann als typisch für die gesamte Gattung angesehen werden. Es entspricht dem üblichen Hergang barocker Opernstoffe: Der Hauptheld, mit dem sich der absolutistische Herrscher identifizierte, muß allerlei Gefahren und Anfeindungen überstehen und triumphiert am Ende über seine Widersacher.

Vor Beginn der Handlung steht der Prolog, eine Huldigung auf den Regenten: »Lebe, Herzog Wilhelm Ernst!« Das Werk enthält Ballettszenen und Tänze, bei denen zwölf Soldaten, ein Tambour und drei Mohren mitwirken.

Neben den Opern kamen »Konzertstücke« zur Aufführung. Sie hatten ähnliche überschwengliche barocke Titel.

Da von den erwähnten dramatischen Werken die Partituren und Einzelstimmen verschollen sind, können wir Rückschlüsse auf deren musikalische Faktur nur aus den erhaltenen Textbüchern ziehen. Zunächst fällt auf, daß das gesprochene Wort neben dem gesungenen einen gewichtigen Anteil hatte. In den Textbüchern ist dies durch verschiedenfarbigen Druck gekennzeichnet. Die Musik wurde als Steigerungsmittel eingesetzt. Die »Erhöhete Dienstbarkeit« verzeichnet zum Beispiel sechs Auftritte, welche ausschließlich dem gesprochenen Dialog vorbehalten bleiben. »Arien« erscheinen meist in schlichter zwei- bzw. dreiteiliger Liedform, nur gelegentlich zur größeren Da-capo-Form erweitert. Auch Duette und Ensemblesätze gehen kaum über die liedmäßige

Gestaltung hinaus. Die handelnden Personen teilen sich jeweils am Ende in den Gesang der einzelnen Strophen oder singen als »Coro« die Schlußstrophe gemeinsam.
Diese Anfangsphase der Weimarer Oper war vielverheißend, aber nur von kurzer Dauer. Nach 1700 finden sich zunächst keine Nachrichten mehr über dramatische Aufführungen auf der Wilhelmsburg. Aus bisher ungeklärten Gründen muß die Oper zum Erliegen gekommen sein. Der Hof brachte in der Folgezeit um so größeres Interesse der Kirchenmusik entgegen.
Führender Textdichter wurde nun Salomon Franck, vor allem als Verfasser von Kantatentexten und Kirchenliedern bekannt. Er löste den Hofpoeten Johann Christoph Lorber ab, der wahrscheinlich als Librettist einiger Weimarer Singspiele in Frage kommt.

Städtisch-bürgerliche Musikpflege

Als erste städtische Musiker in Weimar wurden 1539 ein Stadtkantor und ein Organist genannt. Der Kantor bezog aus dem »allgemeinen Kasten« jährlich vierundzwanzig fl. (fl. = Florin, d. i. Gulden), der Organist zehn. Hinzu kamen Akzidenzien aus den kuriosesten Nebenbeschäftigungen.
Bei den Organisten achtete der Rat der Stadt stets auf gediegene musikalische Fähigkeiten. Sie waren bestrebt, während der Gottesdienste und anderer kirchlicher Feiern ihr Können durch Vor- und Nachspiele, Fantasien, Toccaten und sonstige »gearbeitete« Orgelstücke unter Beweis zu stellen. Die »Verbesserte Kirchenordnung« von 1664 verlangte von den Organisten, daß sie sich »teutscher« Lieder bedienen sollten (gemeint ist das Liedgut der Reformation). Durch diese und andere Bestimmungen wurden auch Weimarer Dichter zum Verfassen von Kirchenliedern angeregt. Der bereits erwähnte Hofpoet Georg Neumark schuf um diese Zeit den Choral »Wer nur den lieben Gott läßt walten«.
Die Kantoren leiteten die städtische Kirchenmusik und versahen den Musikunterricht sowie die Chorarbeit an der Stadtschule. Sie hatten zugleich die Oberleitung der Kurrende inne, die bis 1700 aus dreißig Knaben bestand. Die Kurrendaner zogen zweimal wöchentlich durch Weimar, um freiwillige Gaben einzusammeln. Sie wirkten bei der Frühpredigt und Vesper mit, und nur die besten unter ihnen konnten Mitglieder der Kantorei werden. Die Kantoreisänger waren verpflichtet, mehrere Jahre im Chor zu singen; sie erhielten dafür auch eine spezielle musikalische Unterweisung. Ihnen fiel der Gesang beim öffentlichen Gottesdienst, bei Begräbnissen, Hochzeiten und den Festlichkeiten in Bürgerhäusern zu.

Dem Kantor stand ein Primaner als »Praefectus chori« zur Seite. Die besten Chorschüler kamen, soweit die Stellen ausreichten, in den Genuß des »bürgerlichen Freitischs«, eine Einrichtung, die aus dem 16. Jahrhundert stammte. 1696 stiftete Herzog Wilhelm Ernst den »großen Freitisch«, der zwölf Primanern und einem Lehrer freies Mittagessen und Abendbrot beim »Elephanten-Wirth« gewährte.
1712 wurde die Weimarer Stadtschule zum Gymnasium erhoben und erhielt 1716 ein neues Gebäude. An Musikstunden fielen seit dieser Zeit drei auf Quarta, vier auf Prima, von denen zwei mit Secunda kombiniert wurden. Dem Kantor oblag am Weimarer Gymnasium der Unterricht in der gesamten Vokalmusik einschließlich der Chorleitung. Wir finden ihn rangmäßig meist nur als Sextus erwähnt (z. B. Kantor Johannes Matheus Remt).
Seit 1733 existierte am Gymnasium ein Collegium musicum, das wöchentlich zweimal probte. Es stand zunächst unter der Leitung von Hofmusikern. Der Instrumentalunterricht wurde etwa seit der Zeit, als Herder in Weimar die schulische Oberaufsicht innehatte, von »Direktoren der Musik« erteilt. So wirkte nach 1800 der Musikdirektor des Theaters, François Destouches, am Gymnasium. Er war auch am Lehrerseminar für den Instrumentalunterricht vertraglich verpflichtet. Da das herzogliche Theater seinen Kapellmeistern nur ein verhältnismäßig geringes Gehalt zahlte, sahen sie in den schulischen Nebeneinnahmen eine willkommene Gelegenheit, ihr Einkommen zu verbessern. Andererseits ergab sich daraus für sie die Möglichkeit, Gymnasiasten zur Mitwirkung im Theater heranzuziehen. Der Chor der Stadtschule bzw. des späteren Gymnasiums wurde auch kirchenmusikalisch eingesetzt. Er trat außerdem bei städtischen und schulischen Feiern in Aktion.
Die Schuldramen und -komödien hatten in Weimar eine lange Tradition. Seit dem 16. Jahrhundert wurden sie in einer ganzen Reihe bemerkenswerter Aufführungen gepflegt. Entweder spielte man Szenen der biblischen Geschichte, oder die Schüler gestalteten Episoden aus der Antike und dem Mittelalter. Schon von 1565 liegt eine Nachricht über die Aufführung des biblischen Dramas »Susanna« vor. 1572 wurde das geistliche Stück »Der verlorene Sohn« mehrmals dargeboten.
Mancherlei dramatische Gestaltungsmöglichkeiten ergaben sich anläßlich der zahlreichen Schülerfeste, Umzüge und »Umsingen«. Bei den »Christumsingen« erlaubten sich die Schüler allerdings so übermäßige Späße, daß der Weimarer Herzog 1659 einschreiten mußte und anordnete, man solle sich »wie Heylige mit einer schönen Music, nicht aber als Teufel und Unholde« betragen.
Die dramatischen Aufführungen der Weimarer Schüler standen in erster Linie unter moralisch-erzieherischen Aspekten. Zwei Schulkollegen entwickelten be-

sondere Aktivitäten auf diesem Gebiet: Philipp Großgebauer (Rektor 1687–1711) und Theodor Reineccius (Stadtkantor 1687–1726). 1691 gelangte zum Beispiel das Lustspiel Großgebauers »Des gottseeligen Antenors christlicher Regentenspiegel« durch die »in der weimarischen Stadt- und Landschule studirenden Musenfreunde« zur Aufführung. In einem weiteren »Actus Oratorio Patheticus« zeigten zwei Schüler ihre Fähigkeiten auf kompositorischem Gebiet.

Aus den mitgeteilten Belegen ist ersichtlich, in welch fruchtbarem Maße die Stadtschule das Musikleben Weimars bereicherte.

Einen wesentlichen Faktor innerhalb der städtisch-bürgerlichen Musikpflege bildeten die Stadtpfeifer. Sie verrichteten neben den Hofmusikern die Instrumentalmusik. Da jedoch die Hofmusiker über längere Zeit außerhalb Weimars weilten (bei Residenzwechseln, Reisen des Fürsten, im Kriegsfall usw.), hatten der Rat der Stadt und Bürger daran Interesse, für die vielfältigen Anlässe und Feiern ständig erreichbare »eigene« Musiker zu beschäftigen.

Vermutlich spielten zunächst, wie andernorts auch, »Hausmänner« oder »Türmer« bei bürgerlichen Festen und Feierlichkeiten auf. In den Weimarer Ratsrechnungen von 1540/41 werden sie bereits erwähnt, wobei zwischen dem »Hausmann allhier auf dem Schlosse« und den »Stadttorwärtern und Turmwächtern« unterschieden wird.

Akten von 1572 bezeugen die Umwandlung des Türmerdienstes in eine musikalische Funktion. Entsprechende Abrechnungsbelege besagen, daß die Türmer als städtische Angestellte vom Rat besoldet wurden, jedoch auch als »Instrumentisten« bei der Kirchenmusik mitwirkten. Nachdem die Aufwartungen der »Spielleute« bei Verlobungen, Hochzeiten, Kindtaufen, Beerdigungen und anderen Gelegenheiten immer größere Ausmaße annahmen, reichten die musikalischen Türmer- und Hausmannsdienste nicht mehr aus. So kam es zur Gründung der Weimarer Stadtpfeiferei.

Ihr Initiator war der Goldschmied und »musicus instrumentalis« Christoph Volprecht, der sich in einem Schreiben vom 19. Juli 1618 mit der Bitte um Errichtung einer fünf Mann umfassenden Stadtpfeiferei an den Rat der Stadt wandte. Zugleich fixierte er seine Vorstellungen über deren Tätigkeitsmerkmale und verpflichtete sich, »in der Kirchen, uffen Rahtthauße oder Thuerm gut Rechter Zeitt und Stunde ... zu Musiziren bereitwilligk und unverdrossen ..., wo fern es nicht sonsten auffzuwarten verhindert«. Auch betonte Volprecht ausdrücklich seine Bereitschaft, einen Gesellen zu beschaffen, der die »Thuermwache« versieht. Er versprach außerdem, bei Hochzeiten zu spielen und es ins Belieben des Betreffenden zu stellen, »ob er mich mitt drey, vier oder mitt fünf stimmen gebrauchen will oder ob er mich mitt Gegen

[Geigen] oder Zincken undt Posaunen haben will«. Der Weimarer Rat willigte ein, und so kam die Stadtpfeiferei zustande.
1623 erhielt Volprecht auf Grund seiner Verdienste eine bessere Besoldung und freie Wohnung. In demselben Jahre wurde die Stadtpfeiferei durch einen Erlaß Herzog Albrechts zur Mitwirkung in der Hofkapelle verpflichtet. Volprecht erbat daraufhin das Privileg, die in der herzoglichen Instrumentenkammer befindlichen »vornehmen Instrumenta von Dulzianen vnndt Krumbhörnern« zum Gottesdienst und, »wo der Herzog sonst wünsche«, benutzen zu dürfen.
Über die von den Stadtpfeifern verwendeten Instrumente gibt es widersprüchliche Angaben. Nach Curt Rücker waren es hauptsächlich »in chorischer Besetzung gebrauchte Zinken (Holzblasinstrumente mit Buchsbaum- oder Elfenbeinmundstück), Dulciane (fagottähnliche Instrumente), Krummhörner (Blasinstrumente mit doppeltem Rohrblatt) und Posaunen«. Diese Gruppierung bezeugt die Gepflogenheit, zumindest bis zum 18. Jahrhundert Instrumente zu vermeiden, die nur fürstlichen Trompetern und Oboisten zustanden. Streichinstrumente kamen erst dann in Mode, als ihnen nach Herausbildung des Singspiels auch in der Hofkapelle größere Bedeutung beigemessen wurde.
Über die Aufgaben der Stadtpfeifer existieren zahlreiche Verfügungen. Nachdem im Jahre 1645 einige Ratsherren darüber Klage führten, daß »der Chorus Musicus in der Stadtkirchen allhier ziemlich abgenommen« habe, wurden die Stadtpfeifer verpflichtet, bei den Gottesdiensten mit all ihren Instrumenten aufzuwarten, früh, mittags und abends mit Zinken und Posaunen vom Turm zu blasen und den Anordnungen des Kantors Folge zu leisten. Dafür sollte dem Stadtmusikus und seinen Gesellen ein geräumiges »Logement« zur Verfügung gestellt werden. Weimarer Bürgerfamilien waren verpflichtet, sich der Dienste ihrer Stadtpfeifer zu bedienen. Auf Grund einer Verordnung aus dem Jahre 1642 mußten »vornehme Hochzeiter«, wenn sie fremde Spielleute engagierten, einheimischen Stadtpfeifern den finanziellen Ausfall ersetzen. Es heißt auch ausdrücklich, daß Trompeten bei bürgerlichen Hochzeiten nicht verwendet werden dürften.
Die Weimarer Stadtpfeifer scheinen allerdings häufig das Verbot des Trompetenblasens übertreten zu haben. Daher sah sich Herzog Wilhelm IV. 1659 veranlaßt, eine Verordnung zu unterzeichnen, die ausdrücklich besagte, daß das Privileg der Verwendung von Trompeten »Potentaten und andern hohen Standes Personen alleine« zustehe. Diese Regelung betraf auch die Gepflogenheit, Posaunen und Zinken »auf Trompetenart« zu blasen. Im Falle von Zuwiderhandlungen drohten Strafen.

Ferner gab es im 16. Jahrhundert genaue Vorschriften für die Dauer und Ausgestaltung von außerhöfischen Festivitäten. Eine Verordnung aus dem Jahre 1554 bestimmte zum Beispiel, daß bürgerliche Hochzeiten nicht länger als zwei Tage andauern durften. Ratsmitgliedern standen acht Tische zu, gewöhnlichen Bürgern sechs, Dorfschulzen vier, »Tagelöhnern« und »Hausgenossen« dagegen nur zwei. Die Verordnung betraf sogar die Anzahl der Mahlzeiten und Gerichte und legte auch die zulässige Höhe der Geschenke bei Verlobungen und Hochzeiten fest. Erst 1642 wurde diese Reglementierung durch eine neue ersetzt.

Bei Hoftrauer, die sich in damaliger Zeit auf mehrere Wochen, mitunter bis zu einem halben Jahr erstreckte, hatte im gesamten Herzogtum jegliches Musizieren zu unterbleiben. Das bedeutete für die Stadtpfeifer eine empfindliche Reduzierung ihrer Einkünfte. Allerdings waren sie wegen ihrer engen Verbindung mit der Hofkapelle von Gelegenheitseinnahmen nicht so abhängig wie ihre Kollegen in anderen Städten.

Eine für sie sehr unangenehme Konkurrenz bildeten immer wieder fremde Musikanten, die unter Umgehung bestehender Verordnungen von Bürgern engagiert wurden und die Weimarer Stadtpfeifer um erhebliche Einnahmen brachten. Aus diesem Grund ließen sich die Weimarer Stadtpfeifer vom Rat der Stadt und dem Herzog das Privileg zur Ausführung der städtischen Musikaufgaben häufig erneuern. Sie hatten sogar das Recht, bei Beschwerden sich direkt an den Herzog zu wenden und den Stadtrat zu übergehen.

Der Stadtmusikus war für die fachliche Ausbildung seiner Gesellen verantwortlich und mußte auch für deren Erziehung, Unterhalt, Unterkunft und Verpflegung sorgen. In der Regel wurde die Beherrschung je eines Blas- und eines Streichinstruments verlangt. Es gab aber auch Stadtpfeifer, die drei oder mehr Instrumente spielen konnten.

Am Ende des 18. Jahrhunderts wirkten öfters Gymnasiasten als Aushilfen mit, die sich auch sonst in die Belange der Weimarer Stadtpfeifer einmischten und Bürgern »auf eigene Faust« aufspielten. Gegen diese »Subjekte« mußten sich die Stadtpfeifer des öfteren zur Wehr setzen. Sie schickten daher »Späher« aus, um zu erkunden, in welchen Gasthäusern und verborgenen Winkeln »ungerechtfertigte« Musik erklang.

Den Rückgang ihrer finanziellen Einkünfte hatte eine herzogliche Verordnung aus dem Jahre 1696 zur Folge, wonach bei Androhung von Gefängnis- und »anderen empfindlichen Leibesstrafen« das Aufspielen von Tanzmusik an Sonn- und Feiertagen verboten war, da »die Schenk- und Winkeltänze sehr überhand genommen und bey denselben mit saufen, jauchzen, Unzucht und andern ungebührlichen Bezeigungen viel strafbarer Frevel vorgangen«. Diese

Anordnung galt auch für die ersten zwei Feiertage kirchlicher Feste und betraf Privathäuser ebenso wie öffentliche Veranstaltungen.
Um 1725 lebte in Weimar zwischen den Hofmusikern und Stadtpfeifern wegen der Benutzung von Trompeten wieder der alte Hader auf. Die Hoftrompeter sahen sich in ihren altangestammten Vorrechten bedroht. Daher erließ Herzog Ernst August im Mai 1729 ein Trompetenverbot für die Stadtpfeifer, das lediglich Turmmusiken ausnahm. Die Verordnung untersagte ihnen nicht nur das Spiel auf der Trompete, sondern nahm auch Einfluß auf das Repertoire. »Feldstücke« zum Beispiel waren allein den Hoftrompetern vorbehalten.
Im 18. Jahrhundert gab es häufig Beschwerden über die mangelnde Qualität musikalischer Leistungen der Stadtpfeifer. Es würden Stücke aufgeführt, »die für die Mitwirkenden zu schwer seien und mithin durch die daraus entstehende schlechte Harmonie einen üblen Klang von sich geben«.
Aus vielen Eingaben der Stadtpfeifer ist ihre soziale Notlage während des 18. Jahrhunderts ersichtlich. Sie waren Repressalien und Schikanen unterworfen und mußten jede Gelegenheit ergreifen, um ihre wirtschaftliche Existenz zu sichern. So richtete zum Beispiel der Stadtmusikus Gottfried Sebastian Balzer 1731 an den Rat der Stadt ein Gesuch mit der Bitte, steuerfrei brauen zu dürfen.
Im 19. Jahrhundert erfolgte eine Neuregelung aller musikalischen Aufgaben der Stadtpfeifer:

»1. Mithilfe bei Kirchenmusik,
2. Blasen der Harmoniemusik auf dem Rathausbalkon und Stadtturm am Sonntag, Mittwoch, Donnerstag und Sonnabend,
3. vorkommenden Falles Besetzung der Janitscharenmusik im Orchester,
4. Besorgung der zuweilen zu machenden Bühnenmusik,
5. Vertretung für Erkrankte und aus der Kapelle nicht zu besetzende Bläser,
6. freies Stellen der Tanzmusik zu fünf Redouten (hingegen bei mehreren Redouten die Musik vom Stadtrat besonders bezahlt wird),
7. gegen Sondervergütung aus der Hofkasse (für jeden Ball 10 Taler und 16 Maß Bier) Stellen der Musik bei Hofbällen.«

In dieser Zeit wirkten die Stadtmusiker (wie nun die offizielle Bezeichnung anstelle des ehemaligen Terminus »Stadtpfeifer« lautete) häufiger als zuvor in der Hofkapelle mit. Ihre Leiter führten den Titel eines »Großherzoglichen Stadtmusikdirektors«. Erst 1916 löste sich nach dem Tode von Richard Huldmann Ritter die Weimarer Stadtmusik auf.

Das Musikleben zur Zeit Johann Sebastian Bachs

Zu Beginn des 18. Jahrhunderts prägte Johann Sebastian Bach das Weimarer Musikleben. 1703 erfolgte seine Anstellung als Violinist in der Privatkapelle des Herzogs Johann Ernst. Diese Tätigkeit währte allerdings nur ein knappes halbes Jahr.

Während Bachs ersten Weimarer Aufenthalts zählte die Stadt »kaum 5 000 Seelen«. Die politischen Verhältnisse basierten auf dem sogenannten Patrimonial-Staatswesen, das heißt, Hof- und Staatsverwaltung bildeten eine Einheit, wobei der älteste Herzog namens der Brüder oder Vettern die Regierung führte. Diese waren gleichfalls Mitregenten. Dem Regierenden Herzog unterstand die »Gesamtkammer« mit den »Gesamträten«. Die Beamten der Prinzen führten den Titel eines »Partikulierrates«. Infolge dieser Verteilung der Machtbefugnisse kam es gelegentlich zu Kompetenzstreitigkeiten in der herzoglichen Familie, und häufig wurden auch die höfischen Angestellten in die Auseinandersetzungen mit hineingezogen.

Während der Regierende Herzog Wilhelm Ernst in der Wilhelmsburg residierte, bezog sein Bruder Johann Ernst 1702 im »Roten Schloß« seine eigene Residenz. Hier finden wir den achtzehnjährigen Bach unter den Kapellmusikern bis zu seinem Arnstädter Organistenantritt. Die erste Weimarer Zeit muß für ihn voller Anregungen gewesen sein, stand doch die Hofkapelle auf einem beachtlichen Niveau und besaß hervorragende Musiker. Insbesondere mag Johann Paul von Westhoff auf Bachs Violinkompositionen nachhaltigen Einfluß ausgeübt haben, namentlich auf die späteren Sonaten und Partiten für Violine solo. Musikdramatische Anregungen vermochte Vizekapellmeister Christoph Strattner zu geben, der Komponist geistlicher Lieder, Kantaten und Singballette. Sicherlich konnte der junge Bach auch von Kapellmeister Johann Samuel Drese und dem Hoforganisten Johann Effler künstlerisch manches profitieren, gehörten sie doch zu den profiliertesten Musikern der Hofkapelle, die im Jahre 1702 folgendermaßen charakterisiert wurde: »Gehet man in die schon gerühmte Hof-Capelle, höret man die delicateste und angenehmste Music, welche von Virtuosen und gescheiten Vocal- und Instrumental Musicis gehalten wird, mit dem größten Vergnügen.« Des weiteren unterhielt Bach zu Stadtkantor Georg Theodor Reineccius freundschaftlichen Kontakt, der als Komponist und Kantatenlibrettist einen guten Ruf hatte.

Einen großen Gewinn für das Kulturleben der Stadt bedeutete die Berufung von Salomon Franck, der hier ab 1701 als »Gesamter Consistorial-Sekretär« und Verwalter der herzoglichen Bibliothek wirkte. Er verfaßte für Johann Sebastian Bach zahlreiche Kantatentexte.

Nach mehrmonatiger Tätigkeit in der Ilmresidenz ging Bach nach Arnstadt. Allerdings blieben ihm hier, wie später in Mühlhausen, Enttäuschungen nicht erspart, die ihn veranlaßten, nach Weimar zurückzukehren und am 25. Juli 1708 das Organistenamt an der Schloßkirche zu übernehmen. Der Regierende Herzog hatte ihm »zu dero Hof capelle und Cammer music das entree« erteilt. Darüber hinaus wirkte Bach in dieser zweiten, neun Jahre währenden Weimarer Periode auch als Orgelsachverständiger.

Der neue Dienstherr war Herzog Wilhelm Ernst. »Sein irdisches Vergnügen hatte er an ... einer guten Musik. ... Sein Gehör belustigten zuweilen 16 in Heiduckenhabit gekleidete, wohlabgerichtete Musikanten.«

In der Zwischenzeit hatten sich allerdings die Weimarer Musikverhältnisse ungünstig entwickelt. 1704 war Strattner und 1705 Westhoff verstorben. Die Funktion des Vizekapellmeisters bekleidete nun Johann Wilhelm Drese, der Sohn Samuel Dreses. Er verfügte nur über durchschnittliche musikalische Qualitäten und lenkte, da sein Vater fortwährend kränkelte, die Geschicke der Hofkapelle. Für Westhoff gab es auch keinen ausreichenden Ersatz. So sank das Leistungsniveau des Orchesters bald ab. Günstiger stand es dagegen mit der Kirchenmusik. Ihr verhalf Johann Gottfried Walther zu neuem Aufschwung.

Walther, der einundvierzig Jahre lang (1707–1748) als Stadtorganist das Musikleben Weimars mit prägte, war ein vorzüglicher Organist. Unter Herzog Ernst August auch zur Hofmusik herangezogen, hatte er das Cembalo sowie die Violine zu »tractiren« und trat schöpferisch als Komponist, Theoretiker und Musikschriftsteller hervor. Seine »Praecepta der Musicalischen Composition« (1708) stellen ein bedeutendes musiktheoretisches Lehrwerk dar, das Walther seinem Schüler, dem Prinzen Johann Ernst (Sohn des 1707 verstorbenen gleichnamigen Weimarer Herzogs), widmete. Walther ist auch der Verfasser des ersten deutschsprachigen Musiklexikons, das 1732 in Leipzig im Druck erschien. Sein eigentliches Tätigkeitsfeld war jedoch die Orgel, für die er zahlreiche italienische Konzerte, unter anderem von Albinoni und Torelli, bearbeitete. Vorzügliches leistete Walther als Komponist von Orgel-Choralbearbeitungen. Er vertonte mehrere Zyklen für das gesamte Kirchenjahr. Auch komponierte er freie Orgelwerke, die ihm den Ruf eines »zweiten Pachelbels« (Johann Mattheson) einbrachten. Zahlreiche seiner Vokalkompositionen sind leider verlorengegangen.

Walthers Einkommen betrug zeitweilig nur 100 fl. jährlich. So sah er sich gezwungen, Kompositionen und Abschriften Interessenten für geringes Geld anzubieten, und zwar einen Partiturbogen um »1nen guten Groschen«.
Dagegen war Bach in Weimar finanziell besser gestellt. Er erhielt einschließlich Deputat 158 fl., 15 Gr. Besoldung. Sein Einkommen stieg sogar jährlich, bis es 1716 den Höchstbetrag von 316 fl., 12 Gr., 4 Pf. erreichte. Hinzu kam 1715 die Gleichstellung in »Accidentien und Verehrungen« mit dem Kapellmeister. Zwischen Walther und dem mit ihm entfernt verwandten Johann Sebastian Bach entwickelte sich bald ein freundschaftliches Verhältnis.
Der junge Bach scheint sich in den ersten Jahren seines zweiten Weimarer Aufenthalts dienstmäßig nicht nur mit den Verpflichtungen als Hoforganist begnügt zu haben. Er wirkte auch bei der Kammermusik des Fürsten in dessen Collegium musicum mit. Daher lautet eine Eintragung im Weimarer Kirchenbuch anläßlich der Taufe seines ersten Kindes Catharina Dorothea am 29. Dezember 1708 »F. S. Cammer Musicus und Hofforganist«. Die Bezeichnung »Kammermusikus« erscheint ferner in einer Rechnung aus dem Haushaltsjahr 1712/13.
Eine weitere Beförderung erfuhr Bach, als ihm auf sein Ansuchen am 2. März 1714 durch Herzog Wilhelm Ernst das »Prädikat« eines Konzertmeisters »mit angezeigtem Range nach dem Vicekapellmeister Dressen gnädigst conferiret, dargegen er Monatl. neue Stücke . . . aufzuführen schuldig sein soll«. Durch diese Ernennung war Bach rangmäßig über die Mitglieder der Hofkapelle gestellt, die »zu solchen Proben uf sein Verlangen zu erscheinen schuldig und gehalten seyn« sollten. Übten die Musiker bisher im »eigenen Logiament« des Kapell- oder Vizekapellmeisters, so bestimmte am 23. März 1714 eine herzogliche Anweisung, daß das »probiren der Musikal. Stücke jedesmahl uf der Kirchen-Capelle geschehen soll«. Die »Kirchen-Capelle« war ein durch Umbau der Schloßkirche entstandener quadratischer Raum unter der Balkendecke, in dem Orgel und »Capellisten« untergebracht waren.
Herzog Wilhelm Ernst legte auf die musikalische Ausgestaltung der Gottesdienste großen Wert. Somit waren Bachs kompositorische Aufgaben, zu denen er in Weimar verpflichtet war, fest umrissen. Als Hoforganist und Kammermusikus lag der Schwerpunkt seiner schöpferischen Tätigkeit zunächst auf der Orgel- und Klaviermusik. Nachdem er 1714 zum »Hofkonzertmeister« befördert worden war, hatte er auch die Leitung der gesamten Kirchenmusik in der Hand.
Von Bachs eminentem Künstlertum als Orgelvirtuose und Komponist künden zahlreiche »freie« Orgelwerke. Zu den bedeutendsten gehören die vermutlich während der Weimarer Zeit entstandene d-Moll-Toccata (BWV 565), die

D-Dur-Toccata und Fuge (BWV 540) und die Passacaglia c-Moll (BWV 582, wahrscheinlich für ein Pedalcembalo geschrieben), die Präludien und Fugen C-Dur, D-Dur, e-Moll, g-Moll und G-Dur. Frescobaldis »Fiori musicali« (musikalische Blüten) inspirierten Bach zu der Canzona d-Moll (BWV 588). Die »Pastorale« (BWV 590) bezeugt gleich dem vorher genannten Werk und den Concertobearbeitungen, wie intensiv Bach von Weimar aus seinen Blick zunächst nach Italien richtete. In der Ilmresidenz vollzog sich jedoch bei ihm bald ein Wandel des kompositorischen Stils. So verinnerlichte sich seine Tonsprache nunmehr zusehends. Sie tendierte zur Kantabilität und polyphonen Verdichtung.

Hochbedeutend unter den Weimarer Orgelwerken ist das zum größten Teil hier komponierte, aber erst in Köthen vollendete »Orgelbüchlein«. Albert Schweitzer bezeichnete es als das »Wörterbuch der Bachschen Tonsprache«. Zweck dieser fünfundvierzig Choralvorspiele umfassenden Sammlung sollte sein, »einem anfahenden Organisten« Anleitung zu geben, »auff allerhand Arth einen Choral durchzuführen«. In fast allen diesen Vorspielen liegt die Choralmelodie im Diskant. Sie wird, bis auf eine Ausnahme, nur einmal durchgeführt. Die Begleitung erfolgt im polyphonen Orgelsatz mit obligatem Pedal, wobei malerische und affekthafte Motive den Text des betreffenden Chorals ausdeuten.

Obwohl Bachs Orgelkompositionen zunächst in den Vordergrund treten, ist sein Weimarer Klavierschaffen nicht minder bedeutend. Hier entstanden die Toccaten D-Dur, d-Moll, e-Moll und g-Moll, die Präludien (Fantasien) c- und a-Moll, die Fugen über Themen von Albinoni und andere freie Fugen.

Eine gesonderte Werkgruppe der Weimarer Zeit stellen Bachs Bearbeitungen italienischer oder im italienischen Stil gehaltener Solokonzerte dar. Insgesamt existieren von seiner Hand sechs Übertragungen dieser Spezies für Orgel und sechzehn für Klavier. Vornehmlich reizte ihn die Bearbeitung Vivaldischer Konzerte; aber auch Werke von Marcello, Telemann und dem Prinzen Johann Ernst von Sachsen-Weimar finden sich darunter.

Zu den in Weimar entstandenen Kompositionen Bachs gehören weiterhin etwa fünfunddreißig Kirchenkantaten, von denen nur etwa zwanzig erhalten sind. Salomon Franck verfaßte etwa zwanzig der ihnen zugrunde liegenden Texte. Betont lyrisch gehalten, sehen sie eine Folge von Chören, Rezitativen, Arien und Chorälen vor. Die bekanntesten sind: »Weinen, Klagen, Sorgen, Zagen« (BWV 12), »Ich hatte viel Bekümmernis« (BWV 21), »Himmelskönig, sei willkommen« (BWV 182), »Der Himmel lacht, die Erde jubilieret« (BWV 31) und die weltliche »Jagdkantate« (BWV 208). Neben Franck finden sich unter den Autoren der in Weimar vertonten Kantatentexte der Weißenfelser Hofprediger und Dichter Erdmann Neumeister sowie der Darmstädter Hofpoet Georg Christian Lehms. Neumeister inspirierte Bach, die Kantatenform Francks zu erweitern, Rezitativ und Arie wie »ein Stück aus einer Opera« zu behandeln. Die »madrigalische Dichtart« ist das Bestimmende an den Neumeisterschen Kantatentexten. Nach deren Vorlagen gestaltete Bach die Kantaten »Wer mich liebet, der wird mein Wort halten« (BWV 59) und »Nun komm, der Heiden Heiland« (BWV 61). Lehms ist wahrscheinlich als der Verfasser des Textes der Solokantate für Sopran »Mein Herze schwimmt im Blut« (BWV 199) anzusehen.

In den Weimarer Kantaten tritt die affekthafte Melodik besonders hervor. Seufzermotive und empfindsame Vorhalte sind stark ausgeprägt. Ein bemerkenswertes Beispiel dafür ist die Kantate »Komm, du süße Todesstunde« (BWV 161). Dem Geist der Aufklärung entsprechen des weiteren liedhafte Melodiebildungen und das Einbeziehen von Tanzsätzen und Satztypen aus der damaligen Volksmusik.

Reizvoll sind Naturschilderungen und Stimmungsmalereien, vor allem in Pastoralszenen. Köstliche Beispiele für die »imitatio naturae« (Naturnachahmung) enthält die erwähnte »Jagdkantate«.

Bach hat vielfach versucht, in seine Kirchenmusik weltliche Elemente einfließen zu lassen. So beginnen spätere Kantaten mit »Symphonien« und beziehen Errungenschaften italienischer Concerto-Praxis ein.

Zu den Aufführungen standen dem Weimarer Konzertmeister etwa acht Kapellknaben und doppelt soviel Männerstimmen zur Verfügung. Vermutlich wurden die Instrumentisten der Hofkapelle durch Stadtpfeifer verstärkt.

Bachs Wohnung befand sich seit 1708 im Hause des Kammermusikus und Pagenhofmeisters Adam Immanuel Weldig. Es stand am Marktplatz an der Stelle, wo sich heute der seit 1945 zerbombte östliche Flügel des ehemaligen Parkhotels befindet. Hier wurden die Kinder Catharina Dorothea (1708), Wilhelm Friedemann (1710), die Zwillinge Maria Sophia und Johann Christoph (1713), Carl Philipp Emanuel (1714) und Johann Gottfried Bernhard (1715) geboren.

In der Weimarer Zeit unternahm Bach verschiedene Konzertreisen, so 1714 nach Kassel, wo er anläßlich der dortigen Orgelabnahme vom Kronprinzen ein wertvolles Geschenk erhielt. 1716 fuhr Bach nach Halle, um die neue Orgel in der Liebfrauenkirche zu begutachten. 1717 erfolgte eine Reise nach Dresden zum Klavierwettstreit mit dem berühmten Franzosen Louis Marchand, der allerdings vorzeitig die Residenzstadt verlassen hatte.

Allmählich verbreitete sich Bachs Ruhm auch außerhalb Weimars. Der bedeutende Hamburger Musikschriftsteller Johann Mattheson schrieb über ihn:

»Ich habe von dem berühmten Organisten zu Weimar, Herrn J. S. Bach, Sachen gesehen, sowohl für die Kirche, als für die Faust, die gewiß so beschaffen sind, daß man den Mann hoch aestimiren muß.«
Trotz mancher äußeren Anerkennungen gestaltete sich das letzte Kapitel von Bachs Weimarer Aufenthalt wenig erfreulich. Wie bereits erwähnt, hatte er die Proben der Hofkapelle zu leiten. Als nun im Dezember 1716 Kapellmeister Johann Samuel Drese verstarb, wäre bezüglich der musikalischen Qualifikation Johann Sebastian Bach der bestmögliche Nachfolger gewesen. Herzog Wilhelm Ernst glaubte aber moralisch verpflichtet zu sein, den bisherigen Vizekapellmeister Johann Wilhelm Drese zum ersten Kapellmeister zu befördern. Bach sah sich übergangen, künstlerisch diskreditiert und wollte nicht dem Sohn des bisherigen Kapellmeisters untergeordnet werden. Die konflikthafte Situation verschärften noch gewisse Spannungen zwischen den beiden regierenden Herzögen. Neben Wilhelm Ernst war seit 1709 dessen Neffe Ernst August Mitregent geworden, zu dem Bach gute Beziehungen pflegte. Ernst August, ein Verwandter des Herzogs Leopold von Anhalt-Köthen, verhalf Bach schließlich zu der dortigen Kapellmeister-Stellung, die dieser möglichst bald anzutreten wünschte. Die Begründung seines Entlassungsgesuchs überzeugte jedoch Herzog Wilhelm Ernst nicht. Im Ergebnis dieser unerfreulichen Auseinandersetzungen wurde Bach 1717 vier Wochen arretiert. Über seine Inhaftierung findet sich folgende Aktennotiz: »eod. d(ie) 6. Nov. (1717) ist der bisherige Concert-Meister v. Hof-Organist Bach, wegen seiner Halßstarrigen Bezeugung v. zu erzwingenden Dimission, auf der Land Richter-Stube arretiret, v. endlich d. 2. Dec. darauf, mit angezeigter Ungnade, Ihme die Dimission durch den Hofsecr(etär) angedeutet, v. zugleich des arrests befreyet worden.«
Unmittelbar nach seiner Entlassung trat Bach die neue Stelle in Köthen an. Sein Werk aber blieb in der Residenzstadt Weimar in gutem Gedächtnis.

Bachs Schülerkreis in Weimar

Mindestens zehn Schüler hatten in Weimar Bachs Unterricht gesucht. Zu ihnen zählte Johann Martin Schubart aus Geraberg (1690–1721), der zum Nachfolger an der Weimarer Schloßorgel gewählt wurde. Seinem Lehrer verdankte Schubart insbesondere Feinheiten in der Registrierung und Kenntnisse im Orgelbau. Auf Schubart folgte 1721 wiederum ein Bach-Schüler, Johann Caspar Vogler aus Hausen bei Arnstadt (1696–1763). Nach Ernst Ludwig Gerber (Historisch-Biographisches Lexicon der Tonkünstler, Band 2, Leipzig 1792) war er der »größte Meister auf der Orgel, den er [Bach] gebildet habe«. 1735 bekleidete Vogler das Amt eines Vizebürgermeisters und 1737 das des Bürgermeisters von Weimar. Von ihm stammt unter anderem eine Markus-Passion. In seinem Nachlaß befanden sich einige Werke Bachs.

Johann Tobias Krebs (1690–1762) aus Heichelheim bei Weimar, »Stammvater« der weitverbreiteten Musikerfamilie Krebs, nahm zwischen 1712 und 1717 »von Hauss aus« (von Buttelstedt aus) bei Bach »Lection«. Er wirkte später als Stadtschuldirektor und Orgelrevisor in Buttstedt.

Der aus Dresden-Leubnitz stammende Johann Gotthilf Ziegler (1688–1747) genoß 1715 den Unterricht Bachs. Er wurde 1718 Director musices und Organist an der Ulrichskirche in Halle.

Durch Johann Gottfried Walther kam Bach mit dem jungen begabten Prinzen Johann Ernst (1696–1715) in Berührung, dem Sohn des Weimarer Herzogs Johann Ernst, der von Walther Musikunterricht erhielt und eine Anzahl Instrumentalkonzerte komponiert hatte. Hiervon bearbeitete Bach das 11. und 16. Konzert.

Städtische und höfische Musikpflege nach dem Weggang Johann Sebastian Bachs bis zum Beginn der Weimarer Klassik

Nachdem Bach die Ilmresidenz verlassen hatte, setzte vorübergehend ein Rückgang des Weimarer Musiklebens ein. Da, wie bereits erwähnt, von 1683 bis 1728 (mit zweijähriger Unterbrechung) zwei Herzöge gleichzeitig in Weimar residierten, wurde die Hofkapelle, die beiden Regenten verpflichtet war, dienstlich stark beansprucht. Herzog Ernst August besoldete die Musiker offensichtlich zusätzlich aus den Mitteln seiner »Particulier-Cammer«, weshalb sie gern bei ihm spielten. Wilhelm Ernst ordnete daraufhin an, daß Kapellmitglieder, die bei Ernst August mitwirken wollten, seine besondere Genehmigung einzuholen hätten. Als die betreffenden Musiker diese Verordnung nicht immer beachteten, kam es zu weiteren Spannungen zwischen beiden Herzögen und innerhalb der Kapelle. 1728 wurde Ernst August alleiniger Regent. Hofbedienstete, die bisher mit Wilhelm Ernst sympathisiert hatten, fielen in Ungnade. 1735 erfolgte schließlich die Entlassung fast aller Musiker. Herzog Ernst August gewährte ihnen nur in einigen Fällen einen Übergangssold, bis die Betreffenden eine neue Betätigung gefunden hatten. Lediglich die Hoftrompeter, Pauker und der Organist behielten ihre Stellungen.
Ein Neuaufbau der Hofkapelle unter der künstlerischen Direktion von Johann Ernst Bach kam erst 1755 in Gang, als Erbprinz Ernst August II. Constantin gegen Ende dieses Jahres die »venia aetatis« (Mündigsprechung) erlangte. In dieser Kapellneugründung ist der Anfang der heutigen Weimarischen Staatskapelle zu sehen.
Johann Ernst Bach war der Sohn von Johann Sebastian Bachs Vetter Johann Bernhard Bach. Er hatte Jura studiert und fand zeitweilig bei seinem Patenonkel Johann Sebastian Bach Aufnahme. Kompositorisch ist er dem »galanten Stil« verhaftet. Aus seiner Feder stammen unter anderem Orgel- und Klavierstücke, ein Passionsoratorium und Vertonungen Gellertscher Fabeln.
Neben der Hofkapelle förderte Herzog Ernst August II. Constantin wandernde Theaterensembles. So gastierte die Truppe des Schauspielers Karl Theophil Doebbelin von 1756 bis 1758 in der Ilmresidenz. Sie erlangte die besondere Gunst des Herzogs und seiner Gattin, der braunschweigischen Prinzessin Anna Amalia. Zu einem vielbeachteten Theaterereignis gestaltete sich die Aufführung des ersten deutschen Singspiels »Der Teufel ist los« von Johann C. Standfuß.

Als 1758 der junge Herzog verstarb, übernahm der Vater Anna Amalias, Herzog Karl von Braunschweig-Wolfenbüttel, die landesherrliche Obervormundschaft. Er verordnete am 8. Juni desselben Jahres, »die zeithero in hiesigen fürstlichen Diensten gestandene Gesellschaft Comoedianten zu entlassen«. Damit endete der erste bescheidene Versuch, in Weimar ein festes Theaterensemble zu etablieren.
Die Hofkapelle wurde nicht aufgelöst, sondern nur reduziert, Kapellmeister Johann Ernst Bach, der seit 1756 die Doppelfunktion des Hof- und Stadtorganisten zu Eisenach und des Leiters der »Hochfürstlichen Capelle« in Weimar bekleidete, zog es vor, sich ganz seinen Eisenacher Verpflichtungen zu widmen.
Von 1759 bis 1775 übernahm Anna Amalia die Regentschaft. Das Musikleben Weimars war durch die Ereignisse des Siebenjährigen Krieges stark in Mitleidenschaft gezogen worden. Zur Überbrückung des kulturellen Notstands führte in dieser Zeit die Hofgesellschaft selbst Theaterstücke auf. Nach dem Hubertusburger Frieden wurden wieder fremde Künstlerensembles engagiert. Von 1768 bis 1771 gastierte in der Ilmresidenz die berühmte Kochsche Truppe aus Leipzig mit Werken von Ernst Wolf und Johann Adam Hiller. 1770 erfolgte die Uraufführung des Singspiels »Die Jagd« von Hiller und Christian Felix Weiße.
Eine Bereicherung des Weimarer Musiklebens bildete ab 1771 die Verpflichtung der Truppe Abel Seylers. Die bedeutendste Persönlichkeit dieses Theaterunternehmens war Kapellmeister Anton Schweitzer (1735–1787), der auch einen guten Ruf als vielseitiger und fruchtbarer Komponist hatte. In der Ilmresidenz fand er günstige Voraussetzungen für seine musikdramatischen Bestrebungen vor. Anna Amalia war ihm gewogen, und Christoph Martin Wieland, Prinzenerzieher und Bahnbrecher der bürgerlichen deutschen Klassik in Weimar, unterstützte seine Bemühungen um ein deutsches Nationalsingspiel in Wort und Tat.
Von Schweitzers sechs Singspielen ist nur »Die Dorfgala« erhalten. Der Komponist trifft darin den naiven Volkston, den schon Jean Jacques Rousseau für diese musikalische Gattung gefordert hatte und der dem Postulat französischer Aufklärer nach Natürlichkeit, Einfachheit und Verständlichkeit entsprach. Auch parodistische Elemente und »romantische« Gefühlsäußerungen sind unüberhörbar. 1772 gelangte das genannte Werk in Weimar zur Uraufführung und wurde fortan auf vielen deutschen Bühnen gespielt.
Musikgeschichtlich bedeutsam waren vor allem Schweitzers Versuche, der ernsten Oper mit deutschem Text zum Durchbruch zu verhelfen. Ein vielbeachtetes Theaterereignis und Höhepunkt gemeinsamer Bemühungen Wie-

lands und Schweitzers bildete am 28. Mai 1773 in Weimar die Uraufführung der ersten durchkomponierten deutschen Oper des 18. Jahrhunderts – »Alceste«. Wielands gleichnamiges Libretto in fünf Akten vertonte Schweitzer mit Rezitativen, Arien, Chören und einem differenzierten Orchesterapparat. Dem Werk steht eine »Französische Ouvertüre« voran. Einige Stellen verraten in klanglicher Hinsicht die Nähe Glucks. In den Rezitativen und Arien zeigen sich Affinitäten zu neapolitanischem Opernmelos. Aber Affektausdruck, der schlichte Lied- und Ariettenton, »romantisierende« Tendenzen und naiv-unkonventionelle Theatralik sind so unüberhörbar deutsch, daß die Uraufführung der »Alceste« zu den markanten Ereignissen unserer Musikgeschichte gezählt werden muß.
Schweitzer wandte sich als erster deutscher Komponist 1772 mit der Neuvertonung von Rousseaus »Pygmalion« auch der Gattung des Melodrams zu. Künstlerisch erreichte diese Gestaltung allerdings noch nicht die Höhe der wenig später in Gotha uraufgeführten Melodramen von Georg Benda.
In Weimar komponierte Schweitzer neben zahlreichen anderen Werken noch etwa fünfzig Ballettmusiken. So gingen von dieser Stadt wichtige Impulse für die deutsche Singspiel-, Opern-, Melodram- und Ballettmusikentwicklung aus.
Am 6. Mai 1774 vernichtete ein Schloßbrand auch das Hoftheater. Die Seylersche Truppe, die nun in Weimar kein Wirkungsfeld mehr hatte, wurde von Anna Amalia nach Gotha weiterempfohlen. Die Herzogin zog ins Wittumspalais und förderte mit einem Kreis von Künstlern, Dichtern und Wissenschaftlern hier sowie in den Schlössern Belvedere, Tiefurt und Ettersburg dramatische Aufführungen, bei denen sie selbst gelegentlich als Darstellerin mitwirkte.

Friedensfest in Weimar (1650)

34

Arretierungsurkunde Bachs

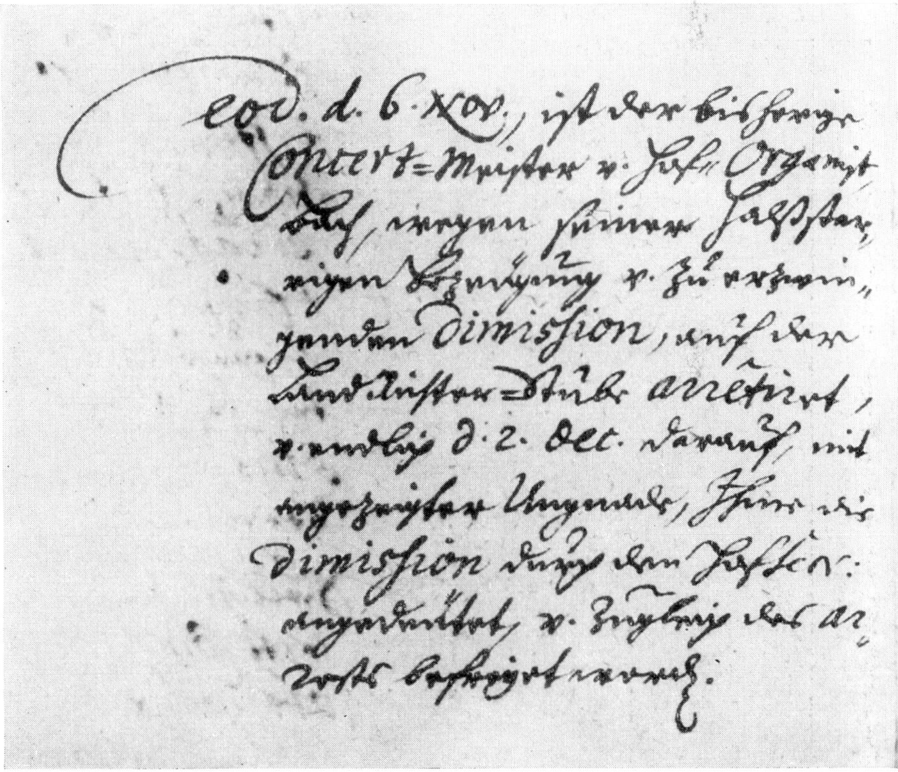
eod. d. 6. Nov. ist der bisherige
Concert-Meister u. Hof-Organist
Bach, wegen seiner Halsstar-
rigen Bezeugung v. zu erzwin-
genden dimission, auf der
Landrichter-Stube arretiert,
u. endlich d. 2. Dec. darauf, mit
angezeigter Ungnade, Ihme die
dimission durch den Hofsecr:
angedeutet, u. zugleich des Ar-
rests befreyet worden.

Tafelrunde bei Anna Amalia
Christoph Martin Wieland mit seiner Familie

Wittumspalais

Johann Gottfried Herder

Goethe in seinem Arbeitszimmer

Goethehaus am Frauenplan
Das zweite Komödienhaus 1825–1907

Corona Schröter

Aufführung der »Fischerin« im Tiefurter Park, Corona Schröter als Dortchen

Johann Friedrich Reichardt, Carl Friedrich Zelter

Beethoven und Goethe in Teplitz (1811)

Der junge Mendelssohn Bartholdy bei Goethe

Johann Nepomuk Hummel

Mozart-Denkmal im Tiefurter Park

Weimar um 1805

Programmzettel

Richard-Wagner-Steckbrief aus dem
»Eberhardtschen Allgemeinen Polizeianzeiger« vom 11. 6. 1853

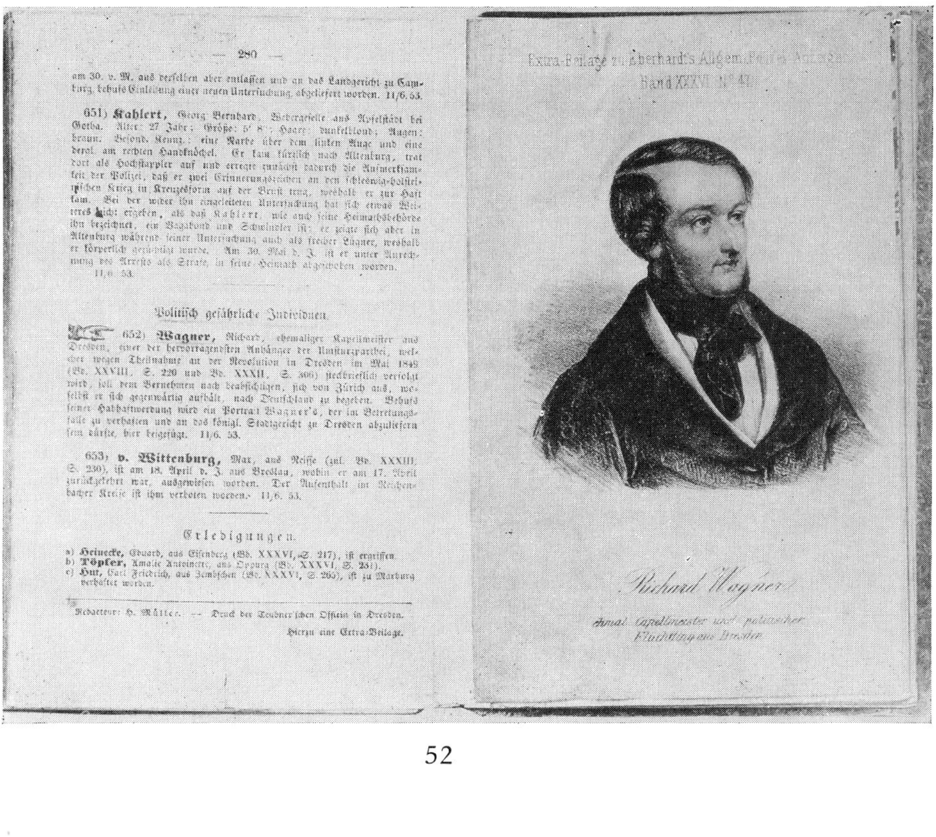

— 280 —

am 30. v. M. aus derselben aber entlassen und an das Landgericht zu Camburg, behufs Einleitung einer neuen Untersuchung, abgeliefert worden. 11/6. 53.

651) **Kahlert,** Georg Bernhard, Webergeselle aus Apfelstädt bei Gotha. Alter: 27 Jahr; Größe: 5' 8"; Haare: dunkelblond; Augen: braun. Besond. Kennz.: eine Narbe über dem linken Auge und eine dergl. am rechten Handknöchel. Er kam kürzlich nach Altenburg, trat dort als Hochstapler auf und erregte zunächst dadurch die Aufmerksamkeit der Polizei, daß er zwei Erinnerungszeichen an den schleswig-holsteinischen Krieg in Kreuzesform auf der Brust trug, weshalb er zur Haft kam. Bei der wider ihn eingeleiteten Untersuchung hat sich etwas Weiteres nicht ergeben, als daß Kahlert, wie auch seine Heimathsbehörde ihn bezeichnet, ein Vagabond und Schwindler ist; er zeigte sich aber in Altenburg während seiner Untersuchung auch als frecher Lügner, weshalb er körperlich gezüchtigt wurde. Am 30. Mai d. J. ist er unter Anrechnung des Arrests als Strafe, in seine Heimath abgeschoben worden. 11/6. 53.

Politisch gefährliche Individuen.

652) **Wagner,** Richard, ehemaliger Kapellmeister aus Dresden, einer der hervorragendsten Anhänger der Umsturzparthei, welcher wegen Theilnahme an der Revolution in Dresden im Mai 1849 (Bd. XXVIII, S. 220 und Bd. XXXII, S. 306) steckbrieflich verfolgt wird, soll dem Vernehmen nach beabsichtigen, sich von Zürich aus, woselbst er sich gegenwärtig aufhält, nach Deutschland zu begeben. Behufs seiner Habhaftwerdung wird ein Portrait Wagner's, der im Betretungsfalle zu verhaften und an das königl. Stadtgericht zu Dresden abzuliefern sein dürfte, hier beigefügt. 11/6. 53.

653) **v. Wittenburg,** Max, aus Neisse (ful. Bd. XXXIII, S. 230), ist am 18. April d. J. aus Breslau, wohin er am 17. April zurückgekehrt war, ausgewiesen worden. Der Aufenthalt im Reichenbacher Kreise ist ihm verboten worden. 11/6. 53.

Erledigungen.

a) **Heinecke,** Eduard, aus Eisenberg (Bd. XXXVI, S. 217), ist ergriffen.
b) **Töpfer,** Amalie Antoinette, aus Oppurg (Bd. XXXVI, S. 251).
c) **Hut,** Carl Friedrich, aus Zembschen (Bd. XXXVI, S. 265), ist zu Marburg verhaftet worden.

Redacteur: H. Müller. — Druck der Teubner'schen Officin in Dresden.

Hierzu eine Extra-Beilage.

Hof-Theater.

Weimar, Mittwoch den 28. August 1850.

Zur Goethe-Feier:

Prolog

von Franz Dingelstedt, gesprochen von Herrn Jaffé.

Hierauf:

Zum Erstenmale:

Lohengrin.

Romantische Oper in drei Akten,
(letzter Akt in zwei Abtheilungen)
von Richard Wagner.

Heinrich der Finkler, deutscher König,	Herr Höfer.
Lohengrin,	Herr Beck.
Elsa von Brabant,	Fräulein Agthe.
Herzog Gottfried, ihr Bruder,	Frau Hettstedt.
Friedrich von Telramund, brabantischer Graf,	Herr Milde.
Ortrud, seine Gemahlin,	Fräulein Fastlinger.
Der Heerrufer des Königs,	Herr Pätsch.

Sächsische und Thüringische Grafen und Edle.
Brabantische Grafen und Edle.
Edelfrauen.
Edelknaben.
Mannen. Frauen. Knechte.

Antwerpen: erste Hälfte des zehnten Jahrhunderts.

Die Textbücher sind an der Kasse für 5 Sgr. zu haben.

Preise der Plätze:

	Thlr.	Sgr.	Pf.		Thlr.	Sgr.	Pf.
Fremden-Loge	1	10	—	Parterre-Loge	—	20	—
Balkon	1	—	—	Parterre	—	15	—
Sperrsitze	1	—	—	Gallerie-Loge	—	10	—
Parket	—	20	—	Gallerie	—	7	6

Anfang um 6 Uhr. Ende gegen 10 Uhr.

Die Billets gelten nur am Tage der Vorstellung, wo sie gelöst worden.

Der Zutritt auf die Bühne, bei den Proben wie bei den Vorstellungen, ist nicht gestattet.

Das Theater wird halb 5 Uhr geöffnet.

Die freien Entréen sind ohne Ausnahme ungiltig.

Peter Cornelius, Hector Berlioz

Franz Liszt im Kreis seiner Schüler

Liszt-Denkmal im Weimarer Park

Franz Liszt in seinem Arbeitszimmer

FRANZ LISZT

Das großherzogliche Residenzschloß Anfang des 19. Jahrhunderts
Musikzimmer des Residenzschlosses

Franz-Liszt-Hochschule, Am Palais

Franz-Liszt-Hochschule, Hauptgebäude

Johann Cilenšek
Ottmar Gerster, Hermann Abendroth

Spezialschule für Musik in Belvedere, Beethoven- und Bachhaus

Internationales Musikseminar:
Fachsimpelei zwischen David Oistrach und Fritz Ehlers

Ludwig Streicher aus Wien und »seine« Kontrabassisten

Unterricht in der Musikschule »Ottmar Gerster«

Auftritt des Pionierchores unter der Leitung von Jochen Quasner

Ehemaliges Stadthaus

Deutsches Nationaltheater

Die Weimarische Staatskapelle unter der Leitung von Lothar Seyfarth

Herderkirche

Stadtkirche St. Peter und Paul

Das Schloß

Die Weimarer Klassik das »Goldene Zeitalter« Weimars

1772 wurde der bereits erwähnte Christoph Martin Wieland von Anna Amalia als Erzieher des Erbprinzen an den Weimarer Hof berufen. Der bürgerliche Gelehrte und Dichter trat hier in den »geistig bedeutendsten Lebenskreis« des damaligen Deutschland ein, zu dem schon vor seiner Ankunft Männer wie Musäus, von Knebel, von Einsiedel und Bertuch gehörten.

Zwei Monate nach der Regierungsübernahme durch Herzog Carl August kam am 7. November 1775 Goethe nach Weimar und fand in der Hofgesellschaft vielseitige Anregungen. Im Kreis um Anna Amalia standen Literatur, dramatische Kunst und Musik im Mittelpunkt des Interesses. Bald nach dem Schloßbrand bildeten sich einige dramatische Zirkel, »Liebhaber-Theater« genannt. Das höfische Liebhabertheater unter Graf Putbus führte hauptsächlich französische Sing- und Schauspiele auf. Daneben bestand ein durch Bertuch initiierter bürgerlicher dramatischer Zirkel (mit deutschen Stücken im Spielplan). Als drittes existierte ein gemischt höfisch-bürgerliches Liebhabertheater, das 1775 ein festes Haus an der Esplanade (Redouten-Haus) bezog und dessen Spiritus rector sehr bald Goethe wurde. Er bestimmte acht Jahre hindurch die Geschicke dieser Gemeinschaft als Intendant »im Kleinen«, wirkte zudem selbst aktiv mit und dichtete zahlreiche Stücke. Seine Bemühungen konzentrierten sich besonders auf ein niveauvolles Repertoire. Er feilte, experimentierte und führte später als Theaterdirektor vieles auf höherer Ebene fort, was er hier praktisch erprobte. Die Ensemblemitglieder spielten auch an anderen Stätten, so im 1778 neuerbauten Ettersburger Theater, in Tiefurt, auf der kleinen Bühne des Wittumspalais und in Belvedere. Zu den Hauptakteuren gehörten Corona Schröter, die einzige »professionelle« Sängerin und Schauspielerin in diesem Gremium, von Knebel, von Einsiedel, von Seckendorff, Musäus, Bertuch, die Göchhausen, Herzog Carl August und Prinz Constantin. Die Spielplangestaltung erfolgte nach Goethes Maxime: »Vermeidung passionierter und Wahl verstandesreicher und geselliger Stücke«.

Da hier die musikalischen Aktivitäten von besonderem Interesse sind, sei eine Auswahl aus dem Repertoire mitgeteilt: Am 24. Mai 1776 stand das Singspiel »Erwin und Elmire« auf dem Spielplan, dessen Libretto Goethe verfaßt hatte. Die Musik komponierte Anna Amalia. Anton Schweitzer steuerte als Liedeinlage »Das Veilchen« bei. Am 30. Januar 1777 wurde zum Geburtstag der Herzogin Luise »des Abends eine von dem Herrn Geheimden Lägationsrath Dr. Göte auf dieses erfreulichste Fest neu gefertigte Operette ‚Lila' mit untermischten Tänzen [gezeigt], wozu die Musik der Herr Cammer-Herr von Seckendorf zu höchsten und allgemeinen Beyfall aufgeführet«. Am 20. Oktober 1778 erfolgte auf der Bühne in Ettersburg eine Darbietung von Goethes »Jahrmarktsfest zu Plundersweilern«. Luise von Göchhausen schrieb an Goethes Mutter, daß dieses Stück »zum großen Gaudium aller Zuschauer aufgeführt« wurde.

Da die technischen Möglichkeiten der Bühne im Redoutenhaus sehr begrenzt waren, machte sich ein Theaterneubau erforderlich. 1780 wurde gegenüber dem Wittumspalais das neue Haus eingeweiht. Allerdings war zu diesem Zeitpunkt der künstlerische Zenit des Weimarer Liebhabertheaters bereits überschritten. 1783 löste sich das Ensemble auf, und Berufsschauspieler gastierten wieder in der Ilmresidenz.

Die im Goetheschen Liebhabertheater zur Aufführung gelangten Singspiele waren zumeist Übersetzungen oder Adaptionen von französischen und italienischen Vorlagen. Man darf den Musikanteil dieser Stücke nicht allzu gewichtig nehmen; er erschöpfte sich in Strophenliedern im Volkston beziehungsweise Arietten und Arien, die zwischen die Dialoge eingestreut wurden und deren dramatische Funktion darin bestand, bestimmten Textstellen besonderen Ausdruck zu verleihen.

Goethe und die Musik in Weimar

Goethes Interesse für das Singspiel geht bis auf seine Jugendzeit zurück. In seiner Vaterstadt Frankfurt am Main lernte er diese Gattung kennen, die ihn schon damals stark beeindruckte. Überhaupt war Goethe zeit seines Lebens der Musik zugetan. Musikalische Anregungen empfing er bereits im Elternhaus. Sein Vater spielte Flöte und Laute, die Mutter sang und begleitete sich dazu am Klavier. Der junge Wolfgang erhielt Klavierunterricht. Er besuchte in Frankfurt Konzerte namhafter Künstler und erlebte als Vierzehnjähriger fasziniert den Auftritt des »Wunderkindes« Wolfgang Amadeus Mozart und dessen Schwester Nannerl. Auch Opernaufführungen und Kirchenkonzerte fanden sein lebhaftes Interesse. All das bildete die Grundlage zum Musikverständnis und trug zu seiner gediegenen musikalischen Bildung bei. Ständigen Kontakt mit Musik pflegte er während der Leipziger Studentenjahre. Hier finden wir ihn im vertrauten Umgang mit den Kindern des Verlegers Gottlob Immanuel Breitkopf, dessen Sohn Bernhard Theodor als erster Goethe-Texte vertonte. Im musikalischen Leben Leipzigs gab damals Johann Adam Hiller den Ton an, dessen Singspiele den jungen Goethe so entzückten, daß er sich später auf diesem Gebiet selbst als Librettist versuchte. Vor allem aber beeindruckten den jungen Studiosus die von Hiller geleiteten musikalischen »Akademien«, bei denen hervorragende Sängerinnen wie Corona Schröter und Gertrud Schmehling auftraten. Goethe bekannte später, daß er ihnen »als ein erregbares Studentchen wütend applaudierte«.

Während seiner Straßburger Zeit 1770/71 nahm er bei dem dort ansässigen Violoncellisten Basch Unterricht, ohne es allerdings auf diesem Instrument zu bemerkenswerten Fertigkeiten gebracht zu haben. Durch Herder wurde sein Interesse für das Volkslied geweckt. Goethe sammelte nun selbst elsässische und lothringische Volkslieder und traf in dem für Friederike Brion angelegten »Sesenheimer Liederbuch« ganz den Volksliedton. Seine Notenaufzeichnungen gelangten mit den entsprechenden Texten zu Herder, sind aber später verlorengegangen.

Nach Frankfurt zurückgekehrt, wandte sich Goethe an Gluck mit der Bitte um Vertonung einiger seiner Gedichte. Der Komponist konnte aber wegen anderer Vorhaben diesem Wunsche nicht entsprechen.

In Frankfurt war damals die französische Opéra comique in Mode gekommen. Sie regte Goethe zur Dichtung des Singspiels »Erwin und Elmire« an, das 1775 in seiner Vaterstadt mit der Musik von Johann André uraufgeführt wurde.

Als Goethe 1775 nach Weimar kam, trat er in einen Kreis musikbegeisterter Persönlichkeiten ein. Wilhelm Bode schreibt: »Frau v. Stein spielte Klavier und Laute, ihr Gatte Flöte, ihr älterer Bruder das Bassett (Violoncell), ihr jüngerer Bruder die Glasharmonika. Amaliens Kammerherr v. Einsiedel meisterte mehrere Instrumente und vergaß über seinem Cello manchmal, daß auch noch andere Dinge zu besorgen waren.« Carl Augusts Kammerherr Siegmund von Seckendorff war kompositorisch begabt. Er vertonte Goethes Gedichte »An den Mond«, »Der König in Thule« und »Der Fischer«. Außerdem schrieb er die Musik zu der »dramatischen Grille« »Der Triumph der Empfindsamkeit«, dem Schäferspiel »Die Laune des Verliebten« sowie dem Singspiel »Jery und Bätely«. Als häufiger Gast bei Hofe ist noch der Schriftsteller und Übersetzer Christoph Bode zu nennen, ein virtuoser Violoncellist, der auch beachtliche Fertigkeiten auf dem Fagott besaß.

Im Mittelpunkt der Musikliebhaber stand jedoch Anna Amalia. Sie spielte Klavier und Gitarre. Kammermusikwerke und Vertonungen von Goethes »Erwin und Elmire«, »Jahrmarktsfest zu Plundersweilern« und »Das Veilchen« bezeugen ihr kompositorisches Geschick. Für die Herzogin war die Musik echtes Lebensbedürfnis, und es gab kaum einen Tag, an dem sie nicht musizierte. Häufig wurde in ihrer Tafelrunde auch über musikgeschichtliche, -ästhetische und -theoretische Fragen debattiert. In Goethe, Wieland und Herder hatte sie Gesprächspartner mit fundiertem Wissen auf diesen Gebieten.

Der »Musenhof« Anna Amalias zog viele Künstler an. Die Komponisten Giuseppe Sarti und Karl Stamitz, die Sängerin Sophie Ackermann und andere Persönlichkeiten weilten gelegentlich in der Ilmresidenz zu Besuch und wurden von Anna Amalia empfangen. Sie besaß auch eine wertvolle Sammlung musikalischer Autographe, wozu das Finale von Glucks »Orfeo ed Euridice«, Mozarts B-Dur-Klavierkonzert (KV 450), italienische Opernpartituren, Konzerte und Sonaten gehörten.

1776 kam Corona Schröter nach Weimar. Sie war nicht nur eine ausgezeichnete Schauspielerin und Sängerin, sondern erbrachte auch durch die Vertonung von Goethes Singspiel »Die Fischerin« den Nachweis kompositorischer Begabung. 1782 wurde dieses Werk »unter dem Gewölb der hohen Nacht« bei Fackel- und Feuerschein »auf dem natürlichen Schauplatz im Park zu Tiefurt an der Ilm« aufgeführt. Corona Schröter spielte das Dortchen und eröffnete mit dem Vortrag einer eigenen Vertonung von Goethes »Erlkönig«-Ballade die sommernächtliche Vorstellung. In einem kleinen Bild von Georg Melchior Kraus, das sich im Tiefurter Schloß befindet, ist die liebliche Szenerie eingefangen.

Mit dem Singspiel »Die Fischerin« folgte Goethe nicht der damals üblichen Gepflogenheit, »Lieder im Volkston« zu verfassen, vielmehr griff er auf echte Volkslieder der Herderschen Sammlung zurück und gestaltete zum Beispiel den »Erlkönig« nach einer dänischen Vorlage.

1777/78 ließ Goethe, wahrscheinlich für Corona Schröter, »82 Liedertexte mit 85 Kompositionen zu einem Band« zusammenstellen, vertont von seinen Frankfurter Bekannten Philipp Christoph Kayser und Karl Siegmund von Seckendorff. Um diese Zeit verfaßte der Dichter zwei weitere Singspiellibretti: »Lila« und »Der Triumph der Empfindsamkeit«. Allerdings fand er hierfür zunächst keine geeigneten Komponisten. 1779 übertrug er Kayser die Vertonung seines Singspiels »Jery und Bätely« mit detaillierten Vorstellungen über die Anfertigung der Gesänge. Lieder »mit runden Melodien« sollten vorkommen, zweitens Arien, »wo die Person die Empfindung des Augenblicks ausdrückt. ... Drittens kommt der rhythmische Dialog; dieser gibt der ganzen Sache die Bewegung, durch diesen kann der Komponist die Sache bald beschleunigen, bald wieder anhalten, ihn bald als Deklamation in zerrissenen Takten traktieren, bald in einer rollenden Melodie sich geschwind fortbewegen lassen.« Am 20. Januar 1780 schrieb Goethe: »Das Akkompagnement rate ich Ihnen sehr mäßig zu halten. ... Wer seine Sache versteht, tut mit zwei Violinen, Viola und Baß mehr als andere mit der ganzen Instrumentenkammer. Bedienen Sie sich der blasenden Instrumente als eines Gewürzes und einzeln.«

Da Kayser die Anfertigung der Partitur immer wieder hinauszögerte, beauftragte Goethe schließlich Seckendorff damit.

1781 erwärmte sich der Dichter für Kompositionen Jean Jacques Rousseaus. Ihn begeisterten dessen Lieder, der »Dorfwahrsager« und das Monodram »Pygmalion«. Die Lieder brachte Corona Schröter verschiedentlich zu Gehör. Auch interessierte sich Goethe jetzt besonders für die italienische Opera buffa. Schon einige Jahre zuvor (1779) hatte das Ehepaar Berger mehrere Buffo-Intermezzi, darunter Pergolesis »La serva padrona«, in Weimar aufgeführt.

Wurden während der Zeit des von Goethe geleiteten Liebhabertheaters alle Petitionen auswärtiger Schauspielertruppen um Auftrittslizenzen abgelehnt, so bekam im Oktober 1783 Bussoni mit seiner »Opera-Buffa-Gesellschaft« für zwei Monate die Genehmigung, im Weimarer Komödienhaus zu gastieren. Ab Dezember 1783 erhielten Joseph Bellomo und dessen Truppe dieses Privileg. Dreimal wöchentlich fanden nun niveauvolle Opern- und Schauspielaufführungen statt, wozu die herzogliche Kapelle unter dem Dirigenten Benedict Krauß verpflichtet wurde. Stücke von Paisiello, Gluck, Mozart und anderen standen auf dem Spielplan.

Goethe experimentierte nun selbst in dieser neuen Richtung und verfaßte den Singspieltext »Scherz, List und Rache«. Die Vertonung übernahm wiederum Kayser, der hierzu eine recht mittelmäßige Musik schuf. Als 1785 aber Mozarts »Entführung aus dem Serail« in Weimar mit großem Erfolg zur Aufführung gelangte, stellte Goethe angesichts dieses Werkes, das »alles Bisherige zu Boden schlug«, vorerst seine weiteren Singspielambitionen ein wenig zurück.

Nach der ersten Italienreise und dem Bruch mit Kayser wurde 1789 Johann Friedrich Reichardt (1752–1814) Goethes Berater in musikalischen Dingen. Reichardt, ein vielseitig gebildeter Mann und äußerst produktiver Komponist, trat wie Johann Abraham Peter Schulz für Natürlichkeit und Volkstümlichkeit in den Liedvertonungen ein. Zudem erkannte er, daß Neuerungen auf dem Gebiet des Liedschaffens nur erreicht werden könnten, wenn sich die Komponisten der bedeutenden zeitgenössischen Lyrik zuwendeten, vornehmlich den Werken der in Weimar ansässigen Dichter.

Reichardt hatte seine ersten Goethe-Vertonungen (»Oden und Lieder«) schon im Jahre 1780 vorgelegt. Goethe war von dieser Persönlichkeit stark beeindruckt und beherbergte ihn 1789 elf Tage in seinem Haus. Reichardt wurde in der Folgezeit der Hauptvertoner Goethescher Dichtungen. So komponierte er »Claudine von Villa Bella«, »Erwin und Elmire« und »Jery und Bätely«. In seinen Liedern ging er gelegentlich durch die Einbeziehung von Rezitativen und rhapsodischen Partien über die bisher dominierende strophische Gestaltungsweise hinaus (»An Lida«, »Harzreise im Winter«). Auch ausdrucksmäßig erreichte Reichardt Neues durch harmonisch reizvolle Akkompagnatomonologe, melodramatische Einschübe und Stimmungsmalereien. Bei Herzog Carl August erfreute er sich großen Ansehens.

Mit den Leistungen Bellomos war Carl August allmählich unzufrieden geworden und kündigte ihm 1791 den Vertrag. Verschiedene Bemühungen um Gewinnung eines geeigneten Leiters des Hoftheaters schlugen fehl, worauf 1791 Goethe »die direction dieser Sache übertragen« wurde. Goethe hatte die Leitung des Theaters bis zum Jahre 1817 inne. Da das neue Unternehmen dringend Geld benötigte (der Herzog bewilligte nur siebentausend Taler aus seiner Privatschatulle), erhob man von den Besuchern Eintrittsgelder. »Die zulässigen Stände, besonders die Beamten« hatten an drei Wochentagen »freien Zutritt«. Goethe als »Oberdirektor« gelang es zudem, für diesen Personenkreis das »billige Abonnement« durchzusetzen. Zwecks Auffrischung der Kasse gastierte das Theaterensemble auch außerhalb Weimars, u. a. in Bad Lauchstädt, Erfurt, Halle, Leipzig und Berlin. Der Spielplan erreichte allmählich ein sehr hohes Niveau, besonders seit dem Jahre 1798, als Schiller auf Veranlassung Goethes Kontakte mit Weimar aufnahm und am 12. Oktober dieses Jahres das neue Hoftheater im Schloß feierlich eingeweiht worden war.

Goethe unternahm große Anstrengungen, das Niveau des Musiktheaters in Weimar schrittweise zu heben. Bereits im Mai 1791 war Johann Friedrich Kranz als musikalischer Leiter der Weimarer Oper berufen worden. Er hatte u. a. bei Joseph Haydn seine musikalische Ausbildung erhalten. Auf ausgedehnten Bildungsreisen durch Süddeutschland, Österreich und Italien lernte er auch den Höchststand damaliger Musikkultur kennen. Nach dem Tode Ernst Wilhelm Wolfs, der den Aufbau der Weimarer Hofkapelle entscheidend gefördert hatte, wurde Kranz 1792 Oberleiter der Hofkapelle und 1799 Hofkapellmeister in Weimar. Wiederum standen vornehmlich deutsche Singspiele, u. a. von Dittersdorf und Georg Benda, italienische Buffo-Opern und Werke der französischen Opéra comique im Spielplan. In den Mittelpunkt des Repertoires rückten aber die Werke Mozarts. Von 1791 bis 1801 wurden in Weimar alle bedeutenden Bühnenwerke dieses Komponisten aufgeführt, und die Ilmresidenz darf für sich den Ruhm in Anspruch nehmen, Zentrum der Förderung Mozartscher Werke in Deutschland gewesen zu sein. Die »Zauberflöte«, seit 1794 auf dem Weimarer Spielplan, erlangte eine Spitzenposition bezüglich Publikumsgunst und Aufführungszahl. Goethe kümmerte sich persönlich um die Inszenierung dieses Werkes und überwachte sorgfältig die Ausstattung. Allerdings wurde die »Zauberflöte« nicht in der heute üblichen Originalfassung wiedergegeben, sondern in einer textlichen Bearbeitung des damaligen Dramaturgen am Weimarer Hoftheater, Christian August Vulpius. Die musikalische »Einrichtung« wurde von Kranz vorgenommen. Diese Praxis bestand auch bei anderen Opernwerken, die auf der Weimarer Hofbühne zur Aufführung gelangten.

Auf Grund des großen Erfolges der Mozartschen »Zauberflöte« hatte Goethe die Absicht, einen zweiten Teil dieses Werkes zu dichten. Das Projekt beschäftigte ihn vor allem im Jahre 1795. Da er aber keinen geeigneten Komponisten für die Vertonung seines Textbuches fand, blieb dieses Opernlibretto ebenso Torso wie anderweitige diesbezügliche Unternehmungen.

Leider spitzte sich wegen tiefgreifender Differenzen in aufführungspraktischen Fragen der Konflikt zwischen »Hofsängerin« Caroline Jagemann und Johann Friedrich Kranz seit 1797 immer mehr zu. Da sich Goethe gegen Kranz entschied, wurde dieser verdienstvolle Musiker 1801 von einem Teil seiner Opernverpflichtungen entbunden. Kranz durfte fortan nur noch die Opern dirigieren, bei denen die Jagemann nicht mitwirkte. Erbittert bat er am 30. Januar 1803 um seine Entlassung aus dem Weimarer Hofkapellmeisteramt. Als Nachfolger von Kranz wurde Franz Seraph von Destouches eingestellt. Er hatte bereits seit 1801 die Opernaufführungen geleitet, in denen Caroline Jagemann als Sängerin mitwirkte. Allerdings vermochte es dieser Musiker nicht, das Weimarer Hoforchester auf dem hohen Niveau der Ära Kranz zu halten. Caroline Jagemann und der von ihr favorisierte Bassist Karl Strohmeyer (auch Stromeyer) intrigierten immer unverhohlener gegen ihren musikalischen Vorgesetzten, bis 1817 in Weimar die Trennung von Schauspiel- und Opernregie erfolgte, Strohmeyer zum ersten Opernregisseur avancierte und Goethe verärgert seine Theaterfunktion niederlegte.

Nachdem Reichardt 1793 in Berlin seine Sympathien für die Französische Revolution offen bekundet hatte, kühlte sich das Verhältnis Goethes und des Weimarer Hofes ihm gegenüber merklich ab. Daran änderte sich auch nichts, als Reichardt bald nach dem Erscheinen von »Wilhelm Meisters Lehrjahre« die darin enthaltenen Liedgedichte vertonte. Goethe wandte sich fortan dem Berliner Komponisten Carl Friedrich Zelter (1758–1832) zu, mit dem ihn eine dreißigjährige Freundschaft verbinden sollte. 1795 hatte Zelter für ein Reichardtsches Florilegium zum ersten Mal einen Goethe-Text vertont (»Ich denke dein«). 1797 setzte der Briefwechsel zwischen Goethe und Zelter ein. Dieser Komponist, Schüler Carl Friedrich Faschs und dessen Nachfolger in der Leitung der Berliner Singakademie, leistete auf den Gebieten des Sololiedes und der Chormusik Vorzügliches. Goethe schrieb 1803 in den »Annalen« über ihn:

»Er befand sich in dem seltsamsten Drange zwischen einem ererbten, von Jugend auf geübten, bis zur Meisterschaft durchgeführten Handwerk, das ihm eine bürgerliche Existenz ökonomisch versicherte, und zwischen einem eingebornen, kräftigen, unwiderstehlichen Kunsttriebe, der aus seinem Individuum den ganzen Reichtum der Tonwelt entwickelte.«

Die Freundschaft beider Männer blieb nicht frei von Enttäuschungen. Zelter war zu sehr ein Musiker der begrenzten Möglichkeiten. Als Goethe dem Direktor der Berliner Singakademie den Text zur »Ersten Walpurgisnacht« zwecks Vertonung überreichte, komponierte Zelter dazu nicht eine Note. Auch dem Wunsch Goethes, sein Buch des zweiten Teils der »Zauberflöte« als Oper zu schreiben, kam Zelter nicht nach. Er fühlte sich durch und durch dem Lied verbunden, leistete hier auch Vorzügliches, scheiterte aber an größeren Vorhaben.

Nach schwerer Erkrankung in den Jahren 1800/01 wandte sich Goethe intensiver der praktischen Musik, besonders dem Chorgesang, zu. Großen Eindruck machten auf ihn Aufführungen Händelscher Oratorien, die unter Ernst Wilhelm Wolf im Wittumspalais stattfanden. Bereits 1780, zu einem bemerkenswert frühen Zeitpunkt in Deutschland, wurden hier »Alexanderfest« und »Der Messias« in Johann Gottfried Herders deutscher Übersetzung dargeboten. Goethe war oft Gast bei den Proben und gewann dabei »neue Ideen von Deklamation«. Noch 1824 bekannte er, daß es Händel und vor allem dessen »Messias« gewesen sei, der ihn schon früh »an die ernsteste Tonkunst herangeführt habe«.

1807 rief der Dichterfürst einen Hausgesangverein am Frauenplan ins Leben. Hier pflegten Gleichgesinnte im Rahmen zwanglosen geselligen Musizierens anspruchsvolle geistliche und weltliche Chormusik. Der Verein erreichte ein so beachtliches Niveau, daß er im Theater vor geladenen Gästen Konzerte veranstalten konnte. Chorwerke von Reichardt, Zelter und Eberwein standen im Mittelpunkt des Repertoires. Künstlerischer Leiter war der Kammermusikus der Weimarer Hofkapelle Karl Eberwein, Sohn des Hof- und Stadtmusikus Alexander Bartholomäus Eberwein. Er komponierte unter anderem eine Musik zu Goethes »Faust«, Teil I und II, und bot mit den Stadtpfeifern sowie einem Streichquartett im Hause am Frauenplan zur Freude der Zuhörer des öfteren Kammermusik dar.

Der Tod Friedrich Schillers am 9. Mai 1805 bedeutete einen schweren Verlust für das Weimarer Kulturleben. Er lähmte die Höherentwicklung des Theaters; auch Goethes Interesse an dessen Oberleitung ließ spürbar nach.

Hinzu kam die Napoleonische Fremdherrschaft, die im Jahre 1806 über Deutschland hereinbrach und eine starke Beeinträchtigung aller künstlerischen Aktivitäten zur Folge hatte. Nach der Schlacht bei Jena und Auerstedt geriet die Ilmresidenz in den Strudel der Kriegsereignisse. Sie wurde beschossen und ausgeplündert. Bis zum Dezember 1806 mußte der Theaterbetrieb völlig ruhen. Die spätere Niederlage Napoleons brachte nicht die erhoffte nationale Einigung, im Gegenteil: Auch nach dem Wiener Kongreß blieben die deutsche Kleinstaaterei und die absolutistischen Verhältnisse bestehen.

Das Weimarer Hoftheater nahm nur allmählich seinen Spielbetrieb wieder auf. Im Jahre 1810 ging die musikalische Oberleitung von Franz Seraph von Destouches auf den bisherigen Leipziger Thomaskantor August Eberhard Müller über. Der neue Kapellmeister war ein vielseitiger Musiker, sehr versiert als Pianist, Organist und Flötist und gestaltete einen interessanten Spielplan. Die bedeutendsten Werke der Zeit wurden dargeboten. So leitete Müller 1816 die Weimarer Erstaufführung von Beethovens »Fidelio«. Bettina Brentano hatte schon zuvor (1810) Beethoven in Wien besucht und berichtete in begeisterten Worten Goethe von diesem Erlebnis. 1811 spielte Baron Oliva, ein Freund Beethovens, dem Dichter Klaviersonaten des Wiener Meisters vor. Eine anwesende Zuhörerin teilte folgende Äußerung Goethes hierüber mit: »Das will alles umfassen und verliert sich darüber immer ins Elementarische, doch mit unendlichen Schönheiten im Einzelnen.«

Goethe traf im Juli 1812 in Teplitz mehrfach mit Beethoven zusammen, der zuvor die »Egmont«-Ouvertüre komponiert und das Lied der Mignon »Kennst du das Land« vertont hatte. Der Dichter berichtete hinterher seiner Frau Christiane: »Zusammengefaßter, energischer, inniger habe ich noch keinen Künstler gesehen.«

Weimar und besonders Goethes Haus am Frauenplan zogen immer wieder berühmte Musiker an. Im Januar 1812 trat Carl Maria von Weber mit dem seinerzeit bekannten Münchner Meisterklarinettisten Heinrich Bärmann auf Empfehlung des Herzogs von Gotha bei der Großherzogin Maria Pawlowna, einer russischen Großfürstin, zweimal auf und wirkte auch in einem Hofkonzert mit. Max Maria von Weber, der Sohn des Komponisten, vermittelt uns darüber folgende Episode: Carl Maria von Weber und Bärmann »wurden von der Großfürstin mit der ihr eignen fesselnden Huld empfangen und brachten bei anmuthigster Unterhaltung und Musik, zwanglos wie im Familienkreise, mehrere Abende bei ihr zu. An einem dieser Abende, als Weber gerade mit Bärmann die für letztern componirte Variation über ein Thema aus ›Sylvana‹ spielte, trat Göthe in den Saal, nahm von den Künstlern sehr wenig Notiz, sprach während der Musik laut und rücksichtslos mit dem

Fräulein von Reitzenstein und verließ die Gesellschaft wieder im Augenblicke des Aufhörens der Musik, nachdem er Weber, der ihm präsentirt wurde, kurz begrüßt und ihn nach Rochlitz's Ergehen gefragt hatte. Die beiden Musiker, die schon einen zu guten Theil rühmlichen Namens in der Tasche hatten, und zu sehr an achtungsvolle Aufmerksamkeit und Auszeichnung bei ihren, derselben so vollkommen würdigen Vorträgen gewöhnt waren, fühlten sich durch des Dichterfürsten Verhalten ihnen gegenüber um so verletzter, da er gerade eben Göthe war.«

Die Komponisten Ferdinand Hiller, Johann Nepomuk Hummel und Gasparo Spontini, die Sängerinnen Henriette Sontag und Anna Milder-Hauptmann, die Pianisten Adolf Henselt, Friedrich Wieck und dessen Tochter Clara sowie Maria Szymanowska machten alle dem Hause Goethes ihre Aufwartung.

1821 weilte Zelter mit dem zwölfjährigen Felix Mendelssohn Bartholdy erstmals bei Goethe zu Besuch. Der Knabe improvisierte und spielte mehrere Klavierwerke vom Blatt vor, worauf der greise Dichter von dem Talent des Wunderknaben so bezaubert war, daß er ihn samt seinen Eltern erneut nach Weimar einlud. Als Mendelssohn Bartholdy 1830 Goethe wieder aufsuchte, mußte er Werke Beethovens und Webers vorspielen.

Nach dem Ableben Reichardts im Jahre 1814 widmeten sich zwei bedeutende Meister der Musik besonders der Vertonung Goethescher Dichtungen: Franz Schubert und Carl Loewe. 1815 komponierte der achtzehnjährige Schubert seine ersten genialen Goethe-Gesänge, darunter »Gretchen am Spinnrad« und »Erlkönig«. Die Widmung an den Weimarer Dichter wurde allerdings von diesem nicht beachtet. 1820 suchte Loewe Goethe auf, um ihm seine Balladen vorzutragen.

Goethe versuchte sich auch selbst in der Komposition und vertonte anläßlich eines Kuraufenthaltes in Böhmen den Schluß des »Ambrosianischen Tedeums« als vierstimmigen Chorsatz.

1817 legte Goethe wegen der Differenzen mit der Schauspielerin Caroline Jagemann, die der Großherzog stark protegierte, seine Funktion als Leiter des Hoftheaters nieder.

Die Bilanz des bisherigen Opernspielplans war imponierend. Innerhalb von sechsundzwanzig Jahren gelangten hundertvier Opern und einunddreißig Singspiele in Weimar zur Aufführung. Hierbei dominierten Mozarts Werke: 82mal erklang »Die Zauberflöte«, 68mal »Don Giovanni«, 49mal »Die Entführung aus dem Serail«, 33mal »Così fan tutte«, 28mal »Titus« und 19mal »Figaros Hochzeit«. Für die Wertschätzung Mozarts in Weimar spricht die Tatsache, daß 1799 im Park von Tiefurt das erste deutsche Mozart-Denkmal errichtet wurde, ein antiker Rundaltar mit der Aufschrift »Mozart und den Musen«.

Rückblickend kann gesagt werden, daß Goethes Ansichten über die Musik sich vordergründig auf die Vokalmusik, vor allem das Liedschaffen, konzentrierten. Für die umwälzenden Veränderungen in der Instrumentalmusik seiner Zeit vermochte er nicht genügend Verständnis aufzubringen. Bachs Fugen, Beethovens Sonaten, Kammermusik und Sinfonien wie überhaupt die bedeutendsten Werke der textfreien Musik blieben ihm im Grunde genommen verschlossen. Dennoch war seine Liebe zur Tonkunst groß. Er äußerte sich darüber: »Wer die Musik nicht liebt, verdient nicht ein Mensch genannt zu werden; wer sie liebt, ist erst ein halber, wer sie aber treibt, ist ein ganzer Mensch.«

Das Kapitel »Goethe und die Musik« wäre sehr lückenhaft, wenn nicht auch von seinem Interesse für musikgeschichtliche, musikästhetische, musiktheoretische und akustische Fragen kurz berichtet würde.

Zur Akustik, Harmonik und Tonalität liegt als Gegenstück zur »Farbenlehre« eine Fülle verstreuter Äußerungen vor. So existiert von ihm eine eigenhändige Notentabelle, welche die Naturtöne des Waldhorns zum Gegenstand hat. Intensiv setzte sich der Dichter mit den Tongeschlechtern und der Obertonreihe auseinander. Als Ernst Florens Friedrich Chladni – ein seinerzeit berühmter Physiker, bekannt vor allem durch die Entdeckung der nach ihm benannten Klangfiguren – 1803 in Weimar weilte, suchte Goethe sofort Kontakt zu ihm und fand sich durch die mit ihm über Akustik geführten Gespräche »sehr gefördert«.

Seine eigenen diesbezüglichen Erkenntnisse faßte Goethe 1810 in dem Entwurf einer »Tonlehre« zusammen. Auf einer schematischen Tabelle in »Wandkartenart« unterscheidet er Geräusch, Schall und Sprache von dem musikalisch hörbaren Klang, »dessen Höhe vom Umfang des klingenden Körpers abhänge«. Das »musikalisch Hörbare« erscheine »entweder organisch-subjektiv, d. h. als Vokalmusik, mechanisch-gemischt, d. h. als Instrumentalmusik, oder mathematisch-objektiv, d. h. physikalisch« (H. J. Moser).

Die Explikation der Goetheschen Tonlehre kann nicht Aufgabe dieses Buches sein. Ihre Bedeutung liegt nach Mosers Worten vor allem darin, »daß der Künstler Goethe der Kunst das Ihre gibt, wie er als Philosoph der Natur die vollen Rechte sichert, indem er immer wieder den Menschen zum Maß aller Dinge, auch der Musik, einsetzt«.

Für ihn war die Musik stets Bestandteil der Allgemeinbildung. Über die Wirkung der Musik auf den Menschen äußerte sich Goethe in einem Gespräch: »Bedenken Sie stets, daß die Musik keine andere Kunst oder Betätigung ersetzen kann. Kommt sie doch unmittelbar aus dem Innern und rührt den Menschen an seine empfindlichste Stelle.« Daher solle sie nicht nur Erwachsenen zugänglich sein, sondern ihren festen Platz in der Jugenderziehung haben.

In der »Pädagogischen Provinz« von »Wilhelm Meisters Wanderjahre« (II,1) wird dieser Standpunkt folgendermaßen untermauert: »Deshalb haben wir denn unter allem Denkbaren die Musik zum Element unserer Erziehung gewählt, denn von ihr laufen gleichgebahnte Wege nach allen Seiten.« Hier ist die klassische Auffassung vom Musischen als integralem Bestandteil der Allgemeinbildung vollgültig ausgeprägt.

Goethes Weimarer Zeitgenossen Herder und Schiller vertraten ähnliche Ansichten. Herder betonte zum Beispiel in den »Kritischen Wäldern« (1769), daß für ihn die Musik unabdingbar zum Bildungsgut gehöre.

Repräsentativ für die Weimarer klassische Ästhetik wurden dann vor allem zwei Schriften: Schillers »Briefe über die ästhetische Erziehung des Menschen« (1795) und Goethes »Wilhelm Meisters Lehrjahre« (1796). Im »Wilhelm Meister« stellt Goethe das Musische als Bildungsfundament besonders heraus. Es heißt da: »Der Mensch ist so geneigt, sich mit dem Gemeinsten abzugeben, Geist und Sinne stumpfen sich so leicht gegen die Eindrücke des Schönen und Vollkommenen ab, daß man die Fähigkeit, es zu empfinden, bei sich auf alle Weise erhalten sollte. Denn einen solchen Genuß kann niemand ganz entbehren, und nur die Ungewohnheit, etwas Gutes zu genießen, ist Ursache, daß viele Menschen schon am Albernen und Abgeschmackten, wenn es nur neu ist, Vergnügen finden. Man sollte . . . alle Tage wenigstens ein kleines Lied hören, ein gutes Gedicht lesen, ein treffliches Gemälde sehen und, wenn es möglich zu machen wäre, einige vernünftige Worte sprechen.« (Wilhelm Meisters Lehrjahre, V,1)

Goethe schließt sich hier einem Ideal an, das bereits die Philosophen der griechischen Antike als Bildungsziel proklamiert hatten. Im Rahmen der Allgemeinbildung, der »enkýklios paideía«, sollte der »musiké«, d. h. dem Ensemble der Künste, ein wichtiger Platz eingeräumt werden. Der Weimarer Dichter überwindet aber in seinem Erziehungsentwurf die in der Antike praktizierte elitäre Einengung und propagiert die »klassische« Auffassung vom Musischen als erstrebenswert für ein jedes Mitglied der Gesellschaft, unabhängig von dessen sozialer Stellung.

Da die Musik nach Goethes Auffassung in der Lage sei, jeden Menschen anzusprechen und zu läutern, räumt er ihr im Ensemble der Künste sogar einen gewissen Vorrang ein. In »Maximen und Reflexionen« (I) sagt er hierzu: »Die Würde der Kunst erscheint bei der Musik vielleicht am eminentesten, weil sie keinen Stoff hat, der abgerechnet werden müßte. Sie ist ganz Form und Gehalt und erhöht und veredelt alles, was sie ausdrückt.«

Goethes Musikanschauung fand in seiner Zeit wie auch später ein starkes Echo und führte zu fruchtbaren Auseinandersetzungen mit den Ideen dieses großen deutschen Klassikers. Schillers Dresdner Freund Christian Gottfried Körner verfaßte zum Beispiel in der Zeitschrift »Die Horen« 1795 einen vielbeachteten Aufsatz »Über Charakterdarstellung in der Musik«. Interessant ist, daß Körner den damals neuen Begriff des Charakters als ästhetische Kategorie in seine Ausführungen einbezog. Damit reagierte er einerseits auf die Musikpraxis jener Zeit und erörterte ein Problem, das bereits Joseph Haydn dem Biographen Griesinger gegenüber angeschnitten hatte. Haydn betonte nämlich, daß er in seinen Sinfonien »öfters moralische Charaktere geschildert habe«. Zum anderen entsprach Körner mit seinem Aufsatz Goethes Forderung nach Humanisierung der Kunst. Die Künste, speziell die Musik, könnten nur gedeihen, wenn sie auf den Menschen bezogen seien. Erst dann werde das Schöne zum Symbol des Guten.

So schlug Körner gewissermaßen eine geistige Brücke zwischen den Kunstmaximen Haydns (Mozart vertrat ähnliche Ansichten) und Goethes und wurde zum ästhetischen Mittler zwischen der Weimarer und Wiener Klassik.

Das Musikleben im 19. Jahrhundert

Zu den bemerkenswerten Musikerpersönlichkeiten Weimars während des 19. Jahrhunderts gehörte Johann Gottlob Töpfer (1791–1870). Er wirkte hier von 1834 an als Stadtorganist und Seminarmusiklehrer. Seine zahlreichen Schriften und Lehrbücher über den Orgelbau zählen zu den von der Fachwelt anerkannten Leistungen auf diesem Gebiet. Auch als Organist und Komponist hatte Töpfer einen guten Ruf. Er schrieb vor allem Orgelwerke, Klavierstücke und Kammermusik.

Nach dem Ableben August Eberhard Müllers (1817) teilten sich die Musikdirektoren Adam Gottfried Unrein und Ernst August Riemann während des »cheflosen Zustandes« in die Kapellmeisteraufgaben. Es begann nun eine überwiegende »Schauspielerherrschaft« an der Weimarer Bühne. Dennoch sind auch auf musikalischem Gebiet einige Neuerungen zu verzeichnen; so kam es unter der Theaterdirektion von Caroline Jagemann und dem Sänger Johann Heinrich Strohmeyer zur Gründung eines Opernchores und zahlenmäßigen Verstärkung des Orchesters.

Johann Nepomuk Hummel

Für die Neubesetzung des Weimarer Hofkapellmeisteramtes kamen drei hervorragende Künstler in die engere Wahl: Carl Maria von Weber, Peter von Lindpaintner und Johann Nepomuk Hummel. 1819 wurde Hummel, der einstige Wunderknabe, Schüler Mozarts, Haydns, Albrechtsbergers, Salieris und Freund Beethovens, als Großherzoglicher Kapellmeister in die Ilmresidenz berufen. Er erhielt ein Engagement auf Lebenszeit mit einem Jahresgehalt von eintausendsechshundert Reichstalern. Die ihm zugebilligten drei Monate Urlaub pro Jahr nutzte Hummel zu ausgedehnten Konzertreisen. Seine künstlerische Tätigkeit bewirkte sehr bald einen erneuten Aufschwung des Weimarer Musiklebens, zumal Hummel im Zenit einer internationalen Pianistenkarriere stand. Auch als Komponist von Klavierwerken, Kammermusik, Solokonzerten, Ouvertüren, Liedern, Volksliedbearbeitungen, Messen, Kantaten, Opern, Balletten, Pantomimen und den seinerzeit beliebten »Feenspielen« hatte er einen guten Ruf. Hector Berlioz nannte ihn einen »Mann von großem Talent, der Messen und schöne Septette komponierte und es mit dem

Klavierspiel streng nahm«. Goethe schätzte den Weimarer Hofkapellmeister außerordentlich und ließ ihn durch den Maler Schmeller für seine Sammlung zeichnen.

In den Klavierkompositionen nimmt Hummel eine Mittlerrolle zwischen Haydn und Mozart einerseits und Weber und Chopin andererseits ein. Virtuosität, Brillanz und Grazie zählen zu den wesentlichen Charakteristika seines Klavierstils. Franz Liszt betonte: »Kein ordentlicher Pianofortevirtuose der Gegenwart kann und darf die Hummelschen Hauptwerke ignorieren, wenn seine Ausbildung eine allseitige sein soll.« Robert Schumann urteilte über die im Jahre 1819 in Weimar entstandene fis-Moll-Klaviersonate op. 81, daß sie allein genüge, um Hummel unsterblich zu machen. Er bezeichnete diese Komposition als ein »wahrhaft großes, episches Titanenwerk und das Gemälde eines ungeheuren, ringenden, resignierten Geistes«. Von Hummels Bedeutung als hervorragender Klavierpädagoge kündet die »Ausführlich theoretisch-practische Anweisung zum Pianoforte-Spiel« (1828), ein Unterrichtswerk der höheren Pianistik mit über zweitausendzweihundert Beispielen.

Zu Beginn seiner Weimarer Tätigkeit war Hummel um die Verbesserung des Niveaus der Hofkapelle sowie die Erarbeitung eines wertvollen und interessanten Opernrepertoires bemüht.

Das Orchester wies damals eine Stärke von etwa dreißig Musikern auf, während das Solistenensemble zwanzig Sänger umfaßte. Auf dem Spielplan standen die bedeutendsten Werke von Gluck, Mozart, Cherubini, Beethoven, Rossini, Weber, Spontini, Méhul, Catel, Paër und Salieri. Anläßlich der Neueröffnung des Hoftheaters im Jahre 1828 – das alte Gebäude war 1825 abgebrannt – führte Hummel zum ersten Mal in Weimar Beethovens IX. Sinfonie auf. In der Folgezeit gastierten hier weltberühmte Solisten, z. B. Niccolò Paganini, Henriette Sontag, Karl Stör und Eduard Sigl. Ab 1830 veranstaltete Hummel zweimal jährlich »Witwen-Konzerte«, Benefizveranstaltungen für Witwen und Waisen von Hofkapellmitgliedern, nach Londoner und Wiener Vorbild. Auch wurden nun neben den Opernaufführungen »Hofkonzerte« eingerichtet, bei denen entweder die gesamte Kapelle oder nur ein Teil derselben in kammermusikalischer Besetzung mitwirkte.

Hummel erwarb sich des weiteren große Verdienste um die Durchsetzung eines Urheberrechts für musikalische Werke. 1829 führten seine ständigen Initiativen zu einem Abkommen der deutschen Musikverleger, in dem sie sich untereinander verpflichteten, Kompositionen nur mit Genehmigung der Autoren nachzudrucken.

Hummel starb 1837. Er hatte den Boden vorbereitet, auf dem sich das Genie Franz Liszt erheben konnte.

Franz Liszt und das »Silberne Zeitalter« Weimars

Franz Liszt traf im November 1841 zum ersten Mal in Weimar ein, um die Stadt kennenzulernen, »wo die vier größten deutschen Dichter gelebt und gewirkt hatten«. Hier trat der in aller Welt gefeierte Klaviervirtuose am 26. und 28. November in zwei Hofkonzerten auf und gab am 29. November zugunsten des Weimarer Frauenvereins einen öffentlichen Klavierabend. Großfürstin Maria Pawlowna und Großherzog Carl Friedrich waren von Liszts Klavierspiel und seiner außergewöhnlichen Persönlichkeit derart fasziniert, daß sie diesen Künstler ganz an Weimar binden wollten. Sie luden Liszt 1842 zur Hochzeit ihres Sohnes Carl Alexander ein und beriefen ihn im November desselben Jahres als »Hofkapellmeister in außerordentlichen Diensten«. Es handelte sich hierbei um ein unbesoldetes Ehrenamt, das Liszt an keine feste Tätigkeit in Weimar band, ihm aber die Möglichkeit einräumte, »die Kapelle zu seinen Leistungen aufzufordern und zu benutzen«.

Am 7. Januar 1844 dirigierte Liszt zum ersten Mal in der Ilmresidenz und führte die IX. Sinfonie von Beethoven auf. 1846 folgten weitere Konzerte, und noch in demselben Jahr deutete er dem Großherzog an, daß ihm nunmehr in Weimar an einer festen Anstellung gelegen sei, worauf Carl Alexander seine Mithilfe beim Neuaufbau der Weimarer Oper erbat.

Als besonders vordringlich erachtete Liszt die »Wahl neuer, junger erster Sängerinnen und die Herausbildung des Chors, der augenblicklich unter Null« sei. Weitere Vorschläge betrafen die Gewinnung hervorragender Orchestermitglieder, die Vergrößerung der Hofkapelle, Erarbeitung eines interessanten Opernspielplans und die Beseitigung des nach Hummels Tod eingerissenen Opernschlendrians.

Zwecks Realisierung dieser Vorstellungen ging Liszt im Februar 1848 endgültig nach Weimar und widmete sich hier mit großem Elan seinen vielfältigen Aufgaben. Um diese Zeit stand er auf dem Höhepunkt einer internationalen Klaviervirtuosenkarriere. Hector Berlioz schildert in seinen »Memoiren« den faszinierenden Eindruck, den Franz Liszt auf das Konzertpublikum ausübte: »Du kannst den Ausspruch Ludwigs XIV. modifizieren und mit Zuversicht sagen: ›Das Orchester bin ich! Der Chor bin ich! Der Dirigent bin ich auch. Mein Klavier singt, träumt, wettert, dröhnt; es wetteifert mit dem Fluge der behendesten Violinbogen; es hat, gleich dem Orchester, seine Blechinstrumente; es kann wie dieses, und ohne jeglichen Apparat, feenhafte Akkorde, unbestimmte Melodien hervorbringen, die der Abendwind gleich einem Wölkchen entführt. ... Gebt mir einen großen Saal, einen Flügel, und ich bin

Herrscher über eine große Zuhörerschaft. Ich erscheine, man klatscht Beifall; mein Gedächtnis erwacht, blendende Phantasien entstehen unter meinen Fingern und werden mit begeisterten Zurufen aufgenommen; ich singe Schuberts ›Ave Maria‹, Beethovens ›Adelaide‹, und alle zärtlichen Herzen fliegen mir zu, jede Brust hält den Atem an, ... es herrscht eine bewegte Stille, eine verhaltene, tiefe Bewunderung. ... Dann kommen die Leuchtkugeln, der Glanzpunkt dieses großartigen Feuerwerks, das Jubeln des Publikums; Blumen und Kränze fallen in dichter Fülle dem auf seinem Dreifuß schaudernden Priester der Harmonie zu; und junge Schönen, in ihrer heiligen Verwirrung, küssen unter Tränen den Saum seines Mantels; er gewinnt sich die aufrichtige Verehrung ernster Geister; er entreißt dem Neide fieberhaften Beifall, und die hohen Stirnen neigen sich, die engen Herzen, überrascht, erweitern sich ...‹ Und wenn der gottbegnadete Jüngling von seiner unversiegbaren Leidenschaft hergegeben hat, soviel ihm beliebte, reist er am folgenden Tage ab, verschwindet wie ein Gestirn und hinterläßt einen blendenden Dämmerungsglanz von Begeisterung und Ruhm. ... Das ist ein Traum. ... Das ist einer jener goldenen Träume, die man hat, wenn man Liszt oder Paganini heißt.«

Alle äußeren Anerkennungen, Ehrungen und Erfolge, die einem Musiker nur widerfahren konnten, waren Liszt in den europäischen Musikzentren zuteil geworden, und er empfand den Glanz, aber auch das Elend des Virtuosentums wie kaum ein anderer Künstler dieser Epoche. So hatte er bei seinen ausgedehnten Konzertreisen die Fragwürdigkeit des Virtuosendaseins am eigenen Leibe erfahren. Ihm wurde zunehmend bewußt, daß das damalige Kulturleben immer mehr der Veräußerlichung, Verflachung und Manipulierung unterlag. Liszt, der enthusiastisch danach strebte, große Kunst zu bieten, die klassischen Meister in den Mittelpunkt seiner Klaviervorträge zu stellen, mußte feststellen, daß es das Publikum mehr nach seichten und billigen Effektstücken gelüstete, daß platte Bravour höher im Kurs stand denn das Ringen um humanistische Aussagen.

Sein bereits im Jahre 1835 verfaßter Essay »Zur Stellung der Künstler« ist eine scharfe Kritik der deprimierenden Zustände. Es heißt da: »Der Künstler lebt heutzutage außerhalb der sozialen Gesellschaft. ... Was haben die, welche das Rätsel menschlicher Wohltat durch Privilegien, durch eine unbegrenzte Ausdehnung der Industrie und egoistische Vorteile zu lösen versuchen, mit einem Dichter und Künstler zu schaffen?«

Liszt gehörte zu den Musikerpersönlichkeiten, bei denen zeit ihres Lebens das soziale Gewissen wach blieb. Unter dem Eindruck der Pariser Juli-Revolution entwarf er Teile zu einer »Revolutions-Symphonie«. Dem Aufstand der Lyoner Seidenweber 1831 galt seine Sympathie ebenso wie den revolutionären Ereignissen in den Jahren 1848/49. Liszts tätige Hilfe für die in Deutschland steckbrieflich verfolgten Richard Wagner und Hoffmann von Fallersleben ist bekannt. Auch setzte er sich immer wieder für die sozialen Belange der Musiker ein, für ihre gesellschaftliche Anerkennung und Gleichberechtigung.

Als Liszt 1848 in Weimar Hofkapellmeister wurde und seit dieser Zeit pianistisch nur noch selten hervortrat, glaubte er, in der Stadt der Klassiker ein Wirkungsfeld gefunden zu haben, wo sich seine weitreichenden Idealvorstellungen und Pläne verwirklichen ließen. Im Rahmen der Möglichkeiten versuchte er nun, für die Oper personelle und materielle Verbesserungen zu erlangen. Es galt zunächst, das Orchester mit jüngeren Musikern zu besetzen und die Zahl der Mitglieder zu erhöhen. So wurden die bedeutenden Geiger Edmund Singer und Joseph Joachim als Konzertmeister nach Weimar verpflichtet. Die Erfolge dieser Bemühungen stellten sich auch bald ein. Bereits im Februar 1848 konnte Liszt mit Flotows »Martha« und Beethovens »Fidelio« hervorragende Opernaufführungen erzielen.

Noch in demselben Jahre trat er eine größere Reise zu seinem Freunde Felix von Lichnowsky nach Krżyzanowitz an. Hier begegnete der Künstler erneut der Frau, mit der sich sein weiterer Lebensweg verbinden sollte: Carolyne von Sayn-Wittgenstein. Der Kampf um die Scheidung der Fürstin von ihrem Mann war langwierig, zermürbend und erfolglos. Nach kurzem Aufenthalt auf Schloß Graetz reisten Liszt und Carolyne mit deren zehnjähriger Tochter nach Weimar ab. Während Liszt zunächst im Hotel »Erbprinz« logierte, wurde der Fürstin durch Vermittlung des Hofes in der Altenburg eine Etage eingeräumt. Dieses Gebäude befindet sich auf einer Anhöhe an der Straße nach Jena oberhalb Weimars. Nachdem Carolyne die gesamte Altenburg käuflich erworben hatte, bezog auch Liszt dort seine Wohnung. Diese in den Augen des Hofes und des kleinstädtischen Bürgertums »illegitime Liaison« war der Anlaß zu vielfältigen Intrigen, Verleumdungen und Klatschereien.

Die Altenburg wurde im Laufe der folgenden Jahre zu einem Mittelpunkt des geistigen und kulturellen Lebens ganz Deutschlands. Berühmte Künstler, Dichter, Wissenschaftler und Politiker fanden sich hier ein und wurden gastfreundlich aufgenommen, so Ernst Rietschel, Alexander von Humboldt, Franz Grillparzer, Friedrich Hebbel, Peter Cornelius, Hector Berlioz, Richard Wagner und viele andere. Auch suchte bald eine Schar junger Pianisten den Unterricht Liszts, der in der Altenburg vor seinen Schülern und Gästen sonntägliche Matineen gab. Joachim Raff, Hans von Bülow, Peter Cornelius, Karl Tausig, Felix Draeseke und Julius Reubke zählten zu den Künstlern, die Liszt unterrichtete. Sie folgten in ihren Kunstanschauungen weitgehend den Ideen des Meisters. Für diesen Kreis wurde alsbald die Bezeichnung »Neudeutsche Schule« üblich, deren Losungen »Fortschritt« und »Zukunftsmusik« lauteten. Das hauptsächliche Publikationsorgan war die einst von Robert Schumann redigierte »Neue Zeitschrift für Musik«.

Die »Neudeutschen« erstrebten eine stark ausdrucksvolle, weitgehend von programmatischen Vorstellungen geprägte Musik. Im Mittelpunkt ihres kompositorischen und ästhetischen Interesses stand die sinfonische Dichtung. Die Vorliebe für diese Gattung resultierte auch aus dem Wunsch nach musikalischer Breitenwirkung. Das den sinfonischen Dichtungen vorangestellte außermusikalische Programm sahen sie als bestmögliche Hilfe für den Hörer an, um dessen Phantasie in eine bestimmte Richtung zu lenken. Damit sollte gleichzeitig allzu subjektiven Deutungen ein Riegel vorgeschoben werden.

Zu den Neuerungen der »Neudeutschen« gehörten auch Aktivitäten bezüglich der Propagierung zeitgenössischer Werke. Immer häufiger wandte sich daher Liszt in Essays direkt an das Publikum und warb um Verständnis für eigene und fremde Kompositionen. Ebenso nutzte er die Möglichkeit, durch Vereinsgründungen und andere Initiativen, die Musiker für das politische und gesellschaftliche Leben ihrer Zeit zu interessieren und die Isolierung der Künstler zu verhindern.

Liszts Bemühungen führten 1854 zur Gründung des »Neu-Weimar-Vereins«, eines demokratischen Kollegiums progressiver Künstler. Es tagte allwöchentlich am Montagabend zunächst im Hôtel de Russie, dann in einem Zimmer des »Stadthauses« und vereinte fast alle Freunde Liszts: Maler, Schriftsteller, Schauspieler, vor allem aber Musiker. Zum Präsidenten wurde Liszt gewählt, als Vizepräsident fungierte Hoffmann von Fallersleben.

Der Neu-Weimar-Verein, bei dem ein freimütiger, weltoffener Geist herrschte, stand weitab von der philiströsen Enge des Hofes. In diesem Gremium wurden viele fortschrittliche Ideen geboren und propagiert. Hoffmann von Fallersleben dichtete folgende Verse, die den Geist der Montagabend-Runde widerspiegeln:

»Bleib Alt-Weimar für sich, wir bleiben für uns, und es ist
uns jeglicher Heimische fremd, aber willkommen der Gast.
Altes gibt es genug, wir hoffen was Neues in Weimar.
Drum haben wir Neu-Weimar-Verein uns genannt.«

Aufschlüsse über die Mitglieder gibt Franz Dingelstedt in seinem Gedicht »Neu-Weimar-Gruß« vom 3. November 1863:

»Der heim'schen Meister Dioskurensterne,
Genelli, Preller strahlten dem Verein;
Ein Wagner kam, ein Berlioz aus der Ferne,
Ein Rietschel liebt' es, Ehrengast zu sein;
Der Bühne Wandervölklein kehrte gerne,
Wie Dawison im Stadthaus-Stübchen ein.
Von Dichtern traten die gewalt'gen Zweie,
Karl Gutzkow, Friedrich Hebbel in die Reihe . . .«

Das Neue zu fördern, wo immer es sich regte, gehörte zu den Lebensmaximen Liszts. Besondere Verdienste erwarb er sich durch seinen unermüdlichen Einsatz für das Werk Richard Wagners. Bereits am 16. Februar 1849 wurde der »Tannhäuser« in Weimar aufgeführt. Wagner übertrug Liszt daraufhin die Uraufführung des »Lohengrin«, die am 28. August 1850 allen Widerständen zum Trotz erfolgte. Schließlich wurde als dritte Wagner-Oper in Weimar unter Liszts Leitung am 16. Februar 1853 mit großem Erfolg der »Fliegende Holländer« erstaufgeführt.

Unter den damaligen Umständen kann Liszts Einsatz für den steckbrieflich gesuchten Wagner nicht hoch genug eingeschätzt werden. Reaktionäre aller Schattierungen und Liszts persönliche Gegner waren höchst aufgebracht. André Hippolyte Chelard, seit Juli 1840 als Hofkapellmeister in Weimar tätig, entrüstete sich über Wagners »musique rouge«. Doch Liszt ließ sich durch derlei Machenschaften nicht irritieren. 1853 veranstaltete er in Weimar eine Wagner-Festwoche, und 1858 unterbreitete er dem Großherzog den Plan, in der Klassikerstadt ein »Nibelungen-Schauspiel-Haus« zu errichten. Aus finanziellen Gründen kam dieses Projekt jedoch nicht zustande.

Neben den Opern Wagners verhalf Liszt besonders den Werken Hector Berlioz' zum Erfolg. In dessen Kompositionen entdeckte Liszt viel Vorbildhaftes. Ihn faszinierten die Programmatik der Orchesterwerke und die stark gestische, pathetische Orchestersprache. Liszt bewunderte des weiteren vor allem die eminente Instrumentationskunst dieses Meisters. In der Erinnerungs- bzw. Leitmotivik, die Berlioz in einigen seiner Orchesterwerke anwandte, sah Liszt Möglichkeiten, diese Prinzipien auch für eigene Kompositionen zu nutzen.

Liszt arrangierte im November 1852 in Weimar eine Berlioz-Woche, wobei der Komponist zum ersten Mal in der Ilmresidenz weilte. In bewegten Worten schildert Berlioz seine Eindrücke von dieser Stadt: »Gott sei Dank, hier in Weimar atme ich auf! Ich spüre in der Luft etwas, das mich eine literarische, kunstsinnige Stadt ahnen läßt! Ihr Anblick entspricht vollkommen der Vorstellung, die ich mir von ihr gemacht hatte, sie ist ruhig, hell, luftig, hat etwas Friedliches, Träumerisches; eine reizende Umgebung, schöne Gewässer, schattige Hügel, liebliche Täler. Wie schlägt mir das Herz, während ich sie durchstreife! Wie! Hier ist Goethes Gartenhaus!... Diese lateinische Inschrift wurde von dem Verfasser des ›Faust‹ in diesen Fels eingegraben!... Ist es möglich? Jene zwei Fensterchen ließen die Luft in Schillers armselige Dachstube ein? In dieser bescheidenen Behausung schrieb der Sänger aller edlen Begeisterung ›Don Carlos‹, ›Maria Stuart‹, ›Die Räuber‹, ›Wallenstein‹!...«

Berlioz besuchte später noch zweimal Weimar. Im Rahmen einer weiteren Berlioz-Woche brachte er am 17. Februar 1855 Teile aus eigenen Werken zu Gehör und leitete die Uraufführung des Lisztschen Klavierkonzerts Es-Dur, wobei der Komponist selbst den Solopart übernahm. Drei Tage später führte Berlioz in Weimar sein Oratorium »L' enfance du Christ«, die »Symphonie fantastique« und »Lelio« auf. Sein letzter Besuch im Jahre 1856 in Weimar galt einer erneuten Wiedergabe der Oper »Benvenuto Cellini« unter Liszts Leitung und der vollständigen Aufführung von »La damnation de Faust« sowie der »Corsaire«-Ouvertüre.

Neben dem Einsatz für das zeitgenössische Schaffen anderer Komponisten brachte Liszt auch zahlreiche eigene Orchesterwerke in Weimar zur Uraufführung, unter anderem zwölf sinfonische Dichtungen, neu in Form und Inhalt, Berliozsche Anregungen aufgreifend und fortführend. Hier zeigt sich neben der Programmatik eine enge Bindung an die ungarische Musik und Folklore. Besonders markant äußert sich dies in der »Verbunko«-Thematik, der Verwendung der »Zigeunertonleiter» sowie typischen rhythmischen Floskeln und harmonischen Eigentümlichkeiten, auf die Béla Bartók, Bence Szabolcsi und Klara Hamburger aufmerksam machten. Gelegentlich erscheinen Marschintonationen, gekoppelt mit dem Gestus der Trauer, namentlich bei Werken, die nach dem gescheiterten ungarischen Freiheitskrieg entstanden.

Vor allem als Harmoniker gehört Liszt zu den kühnsten kompositorischen Neuerern im 19. Jahrhundert. Bartók schrieb in seiner Autobiographie: »Meinem Gefühl nach ist Liszts Bedeutung für die Weiterentwicklung der Musik größer als die Wagners.« Später erörterte er nochmals dieses Problem: »Man findet ja in den Wagnerschen Werken eine vollendetere Formgestaltung, eine reichere Skala des Ausdrucks, eine größere Einheitlichkeit des Stils. Und dennoch – Liszts Werke vermochten die folgende Generation in stärkerem Maße zu befruchten als die Wagnerschen. ... Wagner hatte seine Aufgabe im ganzen bis ins kleinste so vollkommen gelöst, daß man ihn fast nur imitieren konnte, doch von ihm kaum irgendeine Anregung zur weiteren Entwicklung erhielt. Jede Art von Imitation ist aber eine unfruchtbare, tote Sache.

Liszt hingegen hatte so viele neuartige Möglichkeiten in seiner Kunst angedeutet, ohne sie selbst erschöpft zu haben, daß wir eine unvergleichlich stärkere Anregung von ihm als von Wagner erhalten konnten.«

Interessant ist, daß Arnold Schönberg 1912 zu ähnlichen Schlußfolgerungen gelangte.

Neben der ungarischen Folklore vermittelte die deutsche literarische Klassik Liszt mannigfaltige Impulse. So komponierte er 1849 einen »Festmarsch zur Goethe-Jubiläumsfeier« und eine Ouvertüre zu »Torquato Tasso«, die, später umgearbeitet, als sinfonische Dichtung »Tasso, Lamento e Trionfo« bekannt wurde. Für die Einweihung des Herder-Denkmals schrieb Liszt 1850 eine Ouvertüre und mehrere Chöre zu »Der entfesselte Prometheus« (nach Herder). Auch in einigen seiner sinfonischen Dichtungen knüpfte er direkt an die literarische Klassik an, zum Beispiel im »Prometheus«, in »Die Ideale« und der »Faust-Sinfonie«. Zugleich fand Liszt hier eine dem 19. Jahrhundert gemäße Form, mit der sich neue, humanistische Aussagen verbinden ließen.

Der klassischen Orientierung entsprach auch sein Vorschlag zur Errichtung einer »Goethe-Stiftung«. Liszts weitreichende Bestrebungen zielten darauf ab, »die nationale Stellung und die künstlerische Universalität des neuen Weimar« zu dokumentieren. So regte er an, »Preiskämpfe einzurichten«, die alljährlich »alternierend mit den Werken der Literatur, Malerei, Skulptur und Musik« stattfinden sollten. Und weiter heißt es: »Mit den der Musik bestimmten Konkursen sind große Musikfeste zu verbinden.«

Die Vorschläge zur »Fondation Goethe« stießen zwar auf das Interesse des Weimarer Hofes, ihre Realisierung scheiterte aber an der Höhe der zu investierenden finanziellen Mittel.

Liszt war sich dessen bewußt, daß die Verbesserung des deutschen Musiklebens grundlegender Veränderungen bedürfe und zur Erreichung dieses Ziels eine auf breiter, demokratischer Basis stehende Musikerorganisation Voraussetzung sei. Im erwähnten Essay »Zur Stellung der Künstler« ist 1835 schon vieles von dem enthalten, was uns in der Vorbereitungszeit und in Entwürfen zu dem im Jahre 1861 auf Liszts Initiative in Weimar gegründeten »Allgemeinen Deutschen Musikverein« wieder begegnet, nämlich Maßnahmen zur Hebung der sozialen Stellung der Musiker, turnusmäßige Versammlungen, Tonkünstlerfeste, musikerzieherische Verbesserungen, Aufbau einer wissenschaftlich fundierten Musikkritik, Errichtung eines Lehrstuhls für Musikästhetik und stärkere Förderung des neuen Schaffens.

All das nahm 1861 greifbare Gestalt an. Mitglieder des Allgemeinen Deutschen Musikvereins konnten nicht nur »Tonkünstler« werden, sondern auch Förderer der Musik und »Dilettanten«, die sich »in irgendeinem Zweige der

Musik durch selbständige Leistungen hervortaten«. Im zweijährigen Turnus, ab 1867 jährlich, fanden nun an verschiedenen Orten Deutschlands »Tonkünstlerfeste« statt, bei denen sowohl selten zu hörende ältere Werke als auch »vorzugsweise neue, noch nicht aufgeführte, insbesondere solche von Mitgliedern« zur Aufführung gelangten. Die Musikfeste wurden durch musikwissenschaftliche Vorträge bereichert.

Liszts Leistungen auf kompositorischem, interpretatorischem, pädagogischem, schriftstellerischem und organisatorischem Gebiet sind um so erstaunlicher, wenn man sich vergegenwärtigt, unter welch ungünstigen Bedingungen er wirkte. Alt-Weimar wandte sich immer mehr von ihm ab. Sein Verhältnis zur Fürstin Sayn-Wittgenstein und das genialische Treiben auf der Altenburg erregten in zunehmendem Maße das Mißfallen reaktionärer höfischer und bürgerlicher Kreise. Der Neu-Weimar-Verein zermürbte sich durch innere Streitigkeiten, und schließlich geriet Liszt in die Spannungen zwischen Schauspiel und Oper hinein, die unter Franz Dingelstedt, dessen Interesse als Generalintendant vornehmlich dem Schauspiel galt, immer mehr zunahmen.

Die deprimierte Stimmung Liszts spiegelte sich bereits in einer Denkschrift vom 14. Januar 1850 wider. Es heißt da: »Bisher habe ich nur das Allernotwendigste gefordert, – aber jetzt ist der Augenblick gekommen, wo ich nicht mehr vorwärts kommen, ja, nicht einmal fortfahren kann, das eroberte Gebiet mit den Mitteln, die ich bisher anwenden durfte, zu behaupten.« 1858 kam es zum offenen Bruch zwischen Liszt und der Theaterleitung. Die von ihm dirigierte Uraufführung der Oper »Der Barbier von Bagdad« seines Schülers Peter Cornelius erlebte am 15. Dezember dieses Jahres ein Fiasko. Eine der köstlichsten heiteren deutschen Opern des 19. Jahrhunderts fiel den Machenschaften Dingelstedts und der voreingenommenen Hofclique zum Opfer. Liszt zog die persönlichen Konsequenzen und teilte am 14. Februar 1859 dem Großherzog seinen Rücktritt als Hofkapellmeister schriftlich mit. Allerdings behielt er den Wohnsitz auf der Altenburg bei, um sich nun kompositorisch intensiver betätigen und dem Schülerkreis widmen zu können. Für ihn stand aber der Entschluß fest, nach erfolgter Gründung des Allgemeinen Deutschen Musikvereins Weimar den Rücken zu kehren, zumal auch seine eifrigste Förderin, Maria Pawlowna, am 23. Juni 1859 verstarb.

Das Fazit des bisherigen Weimarer Wirkens Liszts war beachtlich. Den Werken Wagners, Berlioz' und anderer Komponisten hatte er zum entscheidenden Durchbruch verholfen. An eigenen Kompositionen waren zwölf sinfonische Dichtungen entstanden, darüber hinaus zahlreiche Klavierwerke, die Sonate h-Moll, einige Ungarische Rhapsodien und die beiden Klavierkonzerte. Bemerkenswert ist auch das schriftstellerische Vermächtnis: ein Buch über Fry-

deryk Chopin und das recht problematische Werk »Die Zigeuner und ihre Musik in Ungarn«. Daneben verfaßte Liszt eine Reihe von Aufsätzen über Kompositionen, die in Weimar aufgeführt wurden.
Am 17. August 1861 verließ er die Ilmresidenz und reiste über Berlin und Paris nach Rom. Fürstin Sayn-Wittgenstein hatte sich schon ein Jahr früher dorthin begeben, um ihre Ehescheidung voranzubringen. Da aber der Papst einen Tag vor der angestrebten Trauung erneut Einsicht in die Prozeßakten verlangte und somit faktisch eine Eheschließung hinauszögerte, resignierte die Fürstin. Sie gab sich nun gänzlich religiösen Meditationen hin und führte in Rom ein zurückgezogenes Leben.
Der Aufenthalt Liszts in der »ewigen Stadt« bewirkte in seinem kompositorischen Schaffen eine stärkere Hinwendung zur Kirchenmusik und Werken mit religiöser Thematik. So entstanden in Rom Orgelkompositionen und die Oratorien »Die Legende von der heiligen Elisabeth« und »Christus«.
Als am 25. August 1867 im Rahmen der 800-Jahr-Feier der Wartburg das »Elisabeth«-Oratorium uraufgeführt werden sollte, nahm Liszt die Gelegenheit wahr, sich selbst um die Vorbereitungen zu kümmern und reiste im Juli dieses Jahres auch nach Weimar.
Das Musikleben hatte sich hier inzwischen einigermaßen konsolidiert. Nach dem Weggang Dingelstedts (1867) amtierte als Theaterintendant Freiherr von Loen, der Opernaufführungen wieder größere Bedeutung beimaß als sein Vorgänger. Infolge der veränderten Verhältnisse faßte Liszt den Entschluß, fortan alljährlich etwa drei Monate in Weimar zu verbringen und die Unterrichtstätigkeit erneut aufzunehmen. Seinen Wohnsitz bezog er in der »Hofgärtnerei«, dem jetzigen Liszt-Haus.
Wiederum suchte eine große Schar von Pianisten Liszts Unterweisung im Klavierspiel. Hierzu zählten unter anderen Conrad Ansorge, Emil Sauer, Alfred Reisenauer, Eugen d'Albert, Alexander Siloti, Bernhard Stavenhagen, Moritz Rosenthal – Musiker, die später selbst Weltruf erlangten.
Liszt erteilte keinen pianistischen Unterricht im herkömmlichen Sinne. Die technische Beherrschung des Instruments setzte er voraus. Ihm ging es hauptsächlich um eine wahrhaftige, gehaltvolle, überzeugende Interpretation der Klavierwerke. Im Anschluß an die Lektionen folgten in der Regel interessante Debatten. »Kalte Technik« ließ Liszt nicht gelten, und bei geistlosem Vortrag konnte er erregt werden. An jedem Sonntag fanden nun in der Hofgärtnerei Matineen statt. Hier trugen seine Schüler ihre Konzertprogramme vor. Gelegentlich bereicherte der Meister auch selbst diese Veranstaltungen durch eigene Darbietungen.
Ab 1869 standen häufig wieder Lisztsche Kompositionen auf den Programmen

der Weimarer Hofkapelle. Im Rahmen der Tonkünstlerversammlung des Allgemeinen Deutschen Musikvereins und der Beethoven-Feier dirigierte Liszt am 29. Mai 1870 seine zweite Beethoven-Kantate und die IX. Sinfonie von Beethoven.

Eine besondere Freude war für ihn die Ernennung zum »Königlichen Ungarischen Rat«. Er erblickte in dieser Ehrung zugleich die Verpflichtung, sich fortan stärker als bisher dem ungarischen Musikleben zu widmen. Von 1871 an weilte er jährlich mehrere Monate in Budapest. Als 1875 auf seine Initiative in dieser Stadt die »Ungarische Musikakademie« gegründet wurde, ernannte man ihn zu ihrem Ehrenpräsidenten., Liszt übernahm hier eine Meisterklasse für Klavier. Er wirkte fortan in drei Städten: in Rom, Weimar und Budapest. Im Frühjahr hielt er sich jeweils in Weimar auf, um seinen Unterrichtsverpflichtungen nachzukommen.

1873 erklang in der Stadtkirche St. Peter und Paul unter Liszts Leitung die überarbeitete Fassung des »Christus«-Oratoriums. Zu den Besuchern dieser denkwürdigen Aufführung zählte auch Richard Wagner.

Hervorgehoben werden muß noch Liszts Auftritt am 7. September 1873 in Weimar, wo er anläßlich der Hochzeit des Erbgroßherzogs eine Polonaise von Carl Maria von Weber und eine eigene Ungarische Rhapsodie vortrug. Am folgenden Tage dirigierte er Beethovens IX. Sinfonie. Seitdem ist Liszt als Interpret in Weimar nur noch selten in Erscheinung getreten. Die Aufenthalte in der Stadt an der Ilm nutzte er, um den immer größer werdenden Schülerkreis zu unterrichten und an den Tonkünstlerfesten des Allgemeinen Deutschen Musikvereins teilzunehmen.

Auf seine Initiative ging auch die 1872 erfolgte Gründung der Weimarer Orchesterschule, der ersten in Deutschland überhaupt, zurück. So blieb Liszt bis ins hohe Alter rastlos tätig.

Eine Fülle von Kompositionen brachte er noch zum Abschluß, dabei ständig nach neuen Wegen suchend. Im Rahmen der 21. Tonkünstlerversammlung des Allgemeinen Deutschen Musikvereins, die im Mai 1884 in Weimar stattfand, hatte Liszt die Freude, das »Elisabeth«-Oratorium in szenischer Aufführung zu erleben. Hier trat er noch einmal als Dirigent mit Teilen seines »Stanislaus«-Oratoriums auf.

Liszts letzter Weimar-Besuch erfolgte 1886. Schon von schwerer Krankheit gezeichnet, begab er sich über Sondershausen zu seiner Tochter Cosima nach Bayreuth und verstarb dort am 31. Juli 1886.

Weimar ist dem Künstler und Humanisten Franz Liszt auf vielfältige Weise verpflichtet. Die Hochschule für Musik, die seit 1956 seinen Namen trägt, bildet hochqualifizierte Künstlerpersönlichkeiten aus, sein Vermächtnis einlösend. Liszts kompositorisches Werk erklingt in den Konzerten der Weimarer Musikinstitutionen, und die Aufgaben, die er mit dem ADMV verwirktlicht wissen wollte, werden heute durch den Verband der Komponisten und Musikwissenschaftler der DDR unter veränderten gesellschaftlichen Bedingungen realisiert. Eine Erneuerung der Lisztschen Klavierkurse initiierte 1900/01 Ferruccio Busoni im Weimarer Tempelherrenhaus. Das alljährlich in Weimar stattfindende Internationale Musikseminar der DDR, von der Franz-Liszt-Hochschule im Auftrage des Ministeriums für Kultur der DDR durchgeführt, knüpft an die Tradition der Lisztschen Meisterkurse an.

Die Lücke, die durch den Tod Franz Liszts im Musikleben Weimars entstanden war, konnte erst durch die Berufung von Richard Strauss geschlossen werden.

Richard Strauss in Weimar

Strauss wurde am 1. August 1889 als Großherzoglicher Kapellmeister an das Weimarer Hoftheater verpflichtet. Er hatte zuvor eine Kapellmeisterstelle am Münchner Hoftheater inne, sehnte sich aber nach Veränderung, da er sonst »in der dort herrschenden tödlichen Routine erstickt« wäre.

Am Weimarer Theater dirigierte Strauss zunächst mehrere Werke von Gluck und Wagner. Im Dezember 1893 wurde unter seiner Leitung die Uraufführung von Engelbert Humperdincks Märchenoper »Hänsel und Gretel« zu einem bedeutenden Theaterereignis.

Neben dem interpretatorischen Wirken verdient das kompositorische Schaffen des Weimarer Hofkapellmeisters Richard Strauss höchste Beachtung. Erheblich ist die Zahl der Werke, die er in der Klassikerstadt komponierte und auch dirigierte. Seine sinfonische Dichtung »Don Juan« wurde im November 1889 hier uraufgeführt, »Tod und Verklärung«, am 21. Juni 1890 in Eisenach uraufgeführt, erklang wenig später in Weimar. 1890 hob Strauss mit der Hofkapelle die Tondichtung »Macbeth« aus der Taufe. Sein Opernerstling »Guntram«, zu dem er selbst das Libretto verfaßt hatte, erwies sich 1894 allerdings als ein unwirksames Bühnenstück. An weiteren Werken entstanden in Weimar die »Festmusik für großes Orchester« (1892), Lieder nach Gedichten von Lenau op. 26, die Lieder op. 27 und einige Gelegenheitsmusiken.

In den sinfonischen Dichtungen setzte Strauss die Traditionslinie von Berlioz, Liszt und Wagner fort. Mit handwerklicher Souveränität, großem Raffinement und feinem Formgefühl gestaltete er beeindruckende Tongemälde, die weit mehr als nur »kulinarischen« Genuß bieten. Sein farbiger Orchestersatz, die brillante Instrumentationskunst und Meisterschaft in der klanglichen Disposition markieren Gipfelleistungen auf dem Gebiet der sinfonischen Dichtung im 19. Jahrhundert.

Bei den in Weimar entstandenen Liedern ist der Instrumentalpart äußerst differenziert gehalten. Die Gesangsstimme durchmißt die breite Skala vom schlichten, volksliedhaften Duktus bis zum effektvollen Opernmelos.

Der Mißerfolg des »Guntram« trug mit dazu bei, daß Strauss 1894 als Kapellmeister wieder an die Münchner Oper ging.

Rückblickend läßt sich sagen: In der Musikgeschichte Weimars war das 19. Jahrhundert ein eigentlich »klassisches« Jahrhundert. Zwar kamen nicht alle weitgesteckten Pläne zur Vollendung. Dennoch trifft die Einschätzung des Musikliteraten Franz Brendel durchaus zu, der noch zu Lebzeiten Franz Liszts schrieb: »Es hat den Anschein, als könnte jetzt Weimar das für die Tonkunst werden, was es früher für die Poesie war. Weimar ist jetzt die bedeutendste Musikstadt Deutschlands, nicht zwar durch die Größe seiner Mittel, wohl aber durch den Geist, der dort waltet.«

Die Musikentwicklung von 1895 bis 1945

Hoftheater und Hofkapelle (Deutsches Nationaltheater Weimar)

Nach dem Weggang von Richard Strauss wechselten in Weimar sehr häufig die Generalmusikdirektoren bzw. Theaterkapellmeister. Seit 1907 wirkte hier Peter Raabe als Hofkapellmeister. Unter seiner Leitung wurden viele zeitgenössische Opern aufgeführt. Einen Ehrenplatz im Repertoire erhielten auch die Werke Richard Wagners. Raabe fungierte ab 1910 zugleich als Kustos des Liszt-Museums. Er verfaßte eine seinerzeit weitverbreitete Liszt-Biographie.
Als Raabe sein Weimarer Amt antrat, beschloß der Hof, einen neuen Theaterbau zu errichten. Am 11. Januar 1908 fand die feierliche Einweihung dieses Hauses statt. Die unter Peter Raabe so sorgfältig auf gutem Niveau gehaltene Musikentwicklung wurde durch den ersten Weltkrieg jäh unterbrochen. Viele Musiker mußten zum Heeresdienst einrücken, die finanziellen Mittel schrumpften immer mehr zusammen.
Am 17. November 1918 erfolgte die Umbenennung des Großherzoglichen Hoftheaters in »Landestheater«. Im Namen der neuen Regierung teilte Intendant Ernst Hardt am 19. Januar 1919 die Umwandlung des Landestheaters in »Deutsches Nationaltheater Weimar« mit. Hier tagte vom 6. Februar bis 31. Juli 1919 die Nationalversammlung und beriet eine neue deutsche Verfassung, die am 14. August in Kraft trat. Im Zusammenhang mit den genannten Veränderungen erfolgte auch die Umbenennung der ehemaligen Großherzoglichen Hofkapelle in »Weimarische Staatskapelle«.
Nach dem Weggang Peter Raabes fungierte von 1920 bis 1922 in Weimar Carl Leonhardt als Generalmusikdirektor – ein hervorragender Dirigent, zudem ein profilierter Konzertpianist. Während seiner Amtszeit wurden zahlreiche neue Werke aufgeführt, unter anderem Pfitzners »Palestrina«, Schönbergs »Pelleas und Melisande«, Mahlers »Lied von der Erde« und die »Sinfonie in C« von Strawinsky.
Als Carl Leonhardt 1922 Weimar verließ, übernahm Julius Prüwer dessen Funktion. Während seiner anderthalbjährigen Tätigkeit hatte das Werk von Richard Strauss einen gewichtigen Platz im Opern- und Konzertrepertoire.
1924 trat Ernst Praetorius Prüwers Nachfolge an. Er führte während der von ihm ins Leben gerufenen »Osterfestwochen« Wagners »Ring« und sämtliche

Sinfonien Bruckners auf. Mit großem Elan widmete sich Praetorius auch dem neuen kompositorischen Schaffen. So wirkte unter seiner Leitung die Staatskapelle 1925 an einem denkwürdigen Konzert des Weimarer Bauhauses mit, bei dem vier gewichtige Werke der Neuen Musik erklangen: »Fünf polyphone Studien« von Busoni, »Das Marienleben« von Hindemith, »Concerto grosso« von Křenek und »Die Geschichte vom Soldaten« von Strawinsky. Aus diesem Anlaß weilten Busoni, Hindemith und Strawinsky zu einem Kongreß über zeitgenössische Musik in Weimar. Schönberg, der auch eingeladen war, sagte kurzfristig seine Teilnahme ab.
Die Machtübernahme der Faschisten führte zu einschneidenden Veränderungen am Deutschen Nationaltheater und der Weimarischen Staatskapelle. Da Praetorius mit einer »nichtarischen« Frau verheiratet war, zwangen ihn die Nazis, sein Amt niederzulegen. Er emigrierte in die Türkei und wirkte fortan in Ankara als Generalmusikdirektor.
In Weimar wurden nun für kurze Zeit Ernst Nobbe und Paul Sixt seine Nachfolger. Der bald einsetzende zweite Weltkrieg machte aber den Fortgang eines geregelten Musiklebens unmöglich. In den Kellerräumen des Deutschen Nationaltheaters etablierte sich 1944 ein Rüstungsbetrieb. Am 9. Februar 1945 fiel die glanzvolle Stätte hervorragender Aufführungen von Opern, Balletten, Sinfoniekonzerten und Schauspielen einem angloamerikanischen Bombenangriff zum Opfer.

Die Musikhochschule Weimar

Neben dem Deutschen Nationaltheater und der Weimarischen Staatskapelle gehört heute die Hochschule für Musik »Franz Liszt« zu den Institutionen und Bildungseinrichtungen, die das Musikleben Weimars entscheidend prägen und gestalten. Sie hat eine mehr als hundertjährige Tradition.
Die Gründung der Großherzoglichen Musikschule 1872, der ersten Orchesterschule Deutschlands überhaupt, geht auf Initiative Franz Liszts und Carl Müllerhartungs zurück.
Die bisherige Praxis, in die Hofkapelle vor allem solche Musiker aufzunehmen, die lediglich eine »handwerkliche« Lehre bei Weimarer Stadtmusikanten abgeschlossen hatten, genügte nicht mehr den gestiegenen Anforderungen. Außerdem war die Hofkapelle stark überaltert. Neue Kräfte mußten gewonnen werden. Es entsprach also den Forderungen der Zeit, wenn verantwortungsbewußte Musiker immer energischer den Ruf nach besseren musikalischen Ausbildungseinrichtungen und -methoden erhoben.
Franz Liszt hatte schon seit den fünfziger Jahren des 19. Jahrhunderts in

mehreren Eingaben und Schreiben auf die Gründung einer Musikschule gedrängt. 1855 schlug er vor, Wagner und die »vornehmsten Kräfte Europas« als Lehrer zu gewinnen. In einem Brief vom 3. Mai 1865 setzte er sich für Anton Rubinstein, Ferdinand David oder Ferdinand Hiller als Direktoren dieses Instituts ein.

Zahlreiche Aussprachen zwischen Liszt, Musikdirektor Carl Müllerhartung und dem Weimarer Großherzog führten schließlich dazu, daß am 24. Juni 1872 Carl Alexander die Weimarer Orchesterschule unter Leitung Müllerhartungs ins Leben rief. Im September desselben Jahres begann die neugegründete Anstalt im »Palais« ihren Unterricht. Das Studium aller Orchesterinstrumente war nun hier möglich. Daneben sollte auch für die Qualifizierung von Konzertmeistern, Kapellmeistern, Chor- und Ensembleleitern gesorgt werden.

Orchesterarbeit und Kammermusikspiel nahmen in der Ausbildung einen wichtigen Platz ein. So konnten ab 1873 jährlich mehrere Orchesterkonzerte stattfinden.

Franz Liszt stiftete der Schule einige Klaviere und besuchte, wenn er in Weimar weilte, Konzerte im Palais.

1876 wurden Abteilungen für Sologesang und Klavierspiel und 1885 die Opernschule angegliedert. 1894 erhielt der Konzertsaal am Palais eine Orgel.

Im Laufe der Zeit änderte diese Schule noch mehrfach ihre Bezeichnungen. Da sie in den ersten Jahren ihres Bestehens nur 6 500 Mark an jährlichen Zuwendungen aus der Großherzoglichen Schatulle erhielt, war man auf Erhebung von Schulgeldern und private Stiftungen angewiesen.

1902 übertrug Carl Müllerhartung die Direktion seinem ehemaligen Schüler Erich Wolf Degner, einem damals geschätzten Komponisten. Degner wirkte im Sinne seines Vorgängers weiter, maß aber der musiktheoretischen Ausbildung größere Bedeutung bei. Nach dessen Tod (1908) führte Carl Rorich, der neue Leiter, jährlich acht bis zehn Abonnementskonzerte ein. Als Waldemar von Baußnern 1909 das Direktorat übernahm, trat die Solistenausbildung in den Vordergrund. Bedeutende Künstler wurden nun als Lehrkräfte an die Großherzogliche Musikschule verpflichtet, unter anderen Karl Scheidemantel (Gesang), Hermann Keller (Orgel), Robert Reitz (Violine) und Richard Wetz (Komposition). Von Baußnern, ein vielseitiger Komponist, nahm in einem Essay unter dem Titel »Weimar und die zeitgenössische Produktion« zur Propagierung neuer Musik Stellung. Er plante, einen »großen, festgeschlossenen Chorverband« auf den »Fundamenten der Großherzoglichen Musikschule« ins Leben zu rufen. Dieses Vorhaben verhinderte allerdings der Ausbruch des ersten Weltkriegs.

In der schwierigen Situation übernahm am 1. Oktober 1916 Bruno Hinze-Reinhold das Direktorat. Von Anfang an strebte er nach Umwandlung der Musikschule in eine Hochschule. Unter den Bedingungen des Krieges war daran jedoch zunächst nicht zu denken. Als das Großherzogtum Sachsen-Weimar-Eisenach aufgelöst wurde, erfolgte bald darauf am 10. Dezember 1918 die Umbenennung der Großherzoglichen Musikschule in »Landes-Musikschule«. Im Mai 1920, nach dem Zusammenschluß der ehemaligen thüringischen Freistaaten zum Lande Thüringen, erhielt dieses Institut die Bezeichnung »Staatliche Musikschule«.

Hinze-Reinhold legte zunächst größten Wert auf den Wiederaufbau der Orchesterabteilung. Schon am 4. März 1920 konnte ein Sinfoniekonzert stattfinden. 1926 bestand das Orchester aus fünfundvierzig Mitgliedern. Seine Leistungsfähigkeit manifestierte sich in sieben Konzerten, die im Verlaufe dieses Jahres veranstaltet wurden. Einen Gewinn für die Ausbildungsstätte stellte die Verpflichtung hervorragender Künstler als Lehrkräfte dar (unter anderen Max Strub und Hans Bassermann, Violine).

Hinze-Reinhold, der seit 1922 bei der Thüringischen Landesregierung mehrfach die Umwandlung der Anstalt in eine Hochschule beantragt hatte, erlebte 1926 einen ersten Teilerfolg seiner Bemühungen. Seitens des Volksbildungsministeriums wurde entschieden, daß der Musikschule drei Hochschulklassen anzugliedern seien, und zwar für Klavier, Violine und Komposition. 1929 erfolgte die Einrichtung einer pädagogischen Abteilung mit entsprechender fachlicher und methodisch-pädagogischer Ausbildung der Studenten. Am 24. Juni 1930 wurde die bisherige Musikschule auf Beschluß der Thüringischen Landesregierung in eine »Staatliche Hochschule für Musik« umgewandelt.

Die Jahre unter dem faschistischen Regime brachten ihr einen schweren Rückschlag. 1933 wurden auf Grund der nationalsozialistischen Rassengesetze »nichtarische« Lehrkräfte und Studenten entlassen, unter anderen Hans Bassermann und Musikdirektor Gustav Lewin sowie Eduard Rosé, Mitbegründer des weltbekannten Streichquartetts. Jenny Fleischer-Alt, der das gleiche Schicksal drohte, schied freiwillig aus dem Leben. Größten Repressalien ausgesetzt und ständig von Entlassung bedroht waren auch jene Lehrkräfte und Studenten, die in irgendeiner Weise ihren Widerwillen gegenüber den faschistischen Gewaltmaßnahmen bekundeten. So zwang man auch Hinze-Reinhold, am 1. Juli 1933 sein Amt niederzulegen.

Felix Oberborbeck übernahm nun das Direktorat. Bald setzte die völlige »Gleichschaltung« der Musikhochschule ein. Sie geriet in den Sog der faschistischen Jugenderziehung. Da Felix Oberborbeck den Forderungen der Nazis nur ungenügend nachkam, wurde er durch »Reichsstatthalter« Sauckel gezwungen, am 15. September 1939 als Direktor zurückzutreten. Oberborbecks Nachfolger, Paul Sixt, betrieb die Faschisierung der Hochschule mit Nachdruck, wodurch ihr Leistungsniveau immer tiefer absank. Am 31. März 1945, nachdem das Hochschulgebäude durch einen amerikanischen Luftangriff stark beschädigt worden war, mußte der Lehrbetrieb ganz eingestellt werden.

Arbeitergesang und Arbeitermusik

Im 19. Jahrhundert war die Pflege der Arbeitermusik in der Residenz- und Beamtenstadt Weimar weniger ausgeprägt als in anderen deutschen Städten. 1885 wurde der »Freundschaft-Sängerbund«, ein ausgesprochener Arbeitergesangverein, gebildet. Das erforderliche Notenmaterial entliehen sich die Sänger zunächst von bürgerlichen Vereinen, die jedoch bald merkten, welchem Zweck »ihre« Noten dienten und daraufhin jede weitere Unterstützung verweigerten. Auch der Dirigent, ein ehemaliger Hauptlehrer, lehnte es 1885 ab, das Konzert des »Freundschaft-Sängerbundes« zu dirigieren, da er befürchtete, seiner Pension verlustig zu gehen. Die Arbeitersänger sahen sich weiteren Schikanen ausgesetzt, als ihnen keine Vereinslokale mehr für ihre Proben und Auftritte zur Verfügung gestellt wurden.

Nach Aufhebung des Sozialistengesetzes erfuhr die Arbeitersängerbewegung einen großen Aufschwung.

Der Weimarer »Freundschaft-Sängerbund« zählte um 1900 etwa fünfzig Chormitglieder. Einen Qualitätsanstieg erreichte er ab 1907, als Emil Steiniger, Chorsänger des Weimarer Theaters, die musikalische Leitung übernahm. Die Mitgliederzahl erhöhte sich nun ständig. 1914 bestand dieses Ensemble aus einhundertsieben aktiven und achtundsiebzig passiven Mitgliedern. Ab 1908 veranstaltete er regelmäßig Konzerte, wobei die Presse das hervorragende künstlerische Niveau hervorhob.

Einen Höhepunkt seiner Tätigkeit bildete im Jahre 1908 die Mitwirkung an der Franz-Liszt-Feier, die der Arbeiter-Bildungsausschuß von Weimar veranstaltete. In seinem Festvortrag betonte Leo Kestenberg, daß »gerade die organisierte Arbeiterschaft Weimars das besondere Recht und die besondere Pflicht habe, Franz Liszt als den Revolutionär auf dem Gebiete der Kunst zu verherrlichen«. Noch kurz vor Ausbruch des ersten Weltkriegs erfolgte die Gründung eines Frauen- und Mädchenchores.

Vielfältig waren die Aktivitäten der Arbeiterkulturbewegung nach 1918 in Weimar. Im Rahmen der »Freien Volksbühne« hatten Werktätige die Möglichkeit, zu erschwinglichen Preisen niveauvolle Theateraufführungen zu besu-

chen. Zu den zentralen Pflegestätten der Arbeiterkultur gehörte das »Volkshaus«, in dem fortschrittliche Künstler auftraten und Werke des humanistischen Erbes sowie des progressiven Gegenwartsschaffens darboten. Im Volkshaus bestanden auch zahlreiche Zirkel zur Förderung der künstlerischen Selbstbetätigung.
Die weitere Entwicklung des Weimarer »Freundschaft-Sängerbundes« wurde durch die faschistischen Machthaber jäh beendet. Sie verfügten seine Auflösung.

Musik hinter Stacheldraht

Unweit der Stadt, in der Goethe den Ausspruch geprägt hatte »Edel sei der Mensch, hilfreich und gut!«, wo Herder seine »Briefe zur Beförderung der Humanität« schrieb und Schiller verkündete »Alle Menschen werden Brüder!«, wurde im Sommer 1937 auf dem Ettersberg von der SS das faschistische Konzentrationslager »Buchenwald« errichtet. Der systematische Ausbau dieses Lagers zu einer Massenvernichtungsstätte gehörte zu jenen barbarischen Grausamkeiten eines unmenschlichen Systems, das nicht einmal den vom Humanismus geweihten Boden Weimars verschonte. 56 545 Gefangene aus zweiunddreißig Nationen fanden hier den Tod.
Konnten die Buchenwald-Häftlinge unter den grauenvollen Bedingungen der braunen Barbarei überhaupt an Kunst und Musik denken?
Man muß sich vergegenwärtigen, daß die Gefangenen täglich mindestens 14 Stunden hart zu arbeiten hatten und allen erdenklichen Schikanen der SS ausgesetzt waren. Um so bewunderswerter ist es, daß sie trotz ständiger Bedrängnis, trotz körperlicher Qual und seelischer Not noch Zeit und Kraft fanden, sich durch Kunst aufzurichten. Jede kulturelle Betätigung bedeutete für die Häftlinge eine Stärkung ihres Lebenswillens.
Die Musik nahm im Leben der Gefangenen einen beachtlichen Platz ein. Durch das internationale Lagerkomitee wurden die künstlerischen Aktivitäten koordiniert und gefördert, zumal zahlreiche Berufsmusiker nach Buchenwald verschleppt waren.
Man muß zwischen der offiziellen Lagermusik auf Befehl und zum Vergnügen der SS und der inoffiziellen musikalischen Betätigung der Häftlinge differenzieren. Letztere konnte zumeist nur in der Illegalität erfolgen.
Um so etwas wie »Kraft durch Freude« zu organisieren, ordnete die SS 1938 die Gründung eines Lagerorchesters an, das unter anderem zu »Platzkonzerten« spielen mußte und in der Kinohalle Konzerte gab. Auf Befehl der SS wurde 1938 das »Buchenwaldlied« als Lagerlied geschaffen. Der Text stammte

von Fritz Löhner-Beda, die Musik schrieb Hermann Leopoldi. 1940 befahl KZ-Kommandant Florstedt die Bildung einer »ordentlichen Blasmusik«. 1941 wurden hierfür Instrumente geliefert. »Die Rechnung (5500 RM) bezahlen die Juden«, lautete seine zynische Anordnung.
Die offizielle Blaskapelle bestand anfangs aus sechzehn, später aus zweiunddreißig Musikern. Sie hatte täglich bis zu dreißig Märsche zu blasen. Auf Befehl der SS wurden auch Schlager dargeboten und zum Gaudium der Bewacher viele Male wiederholt. Manch ein Musiker brach während des Spiels vor Erschöpfung tot zusammen. Neben der Blaskapelle existierte ein Streichorchester in Stärke von vierundachtzig Mann. Die Musiker waren in der Regel von der Lagerarbeit freigestellt, mußten aber vor- und nachmittags proben und sich für Sonderaufgaben zur Verfügung stellen.
Die inoffizielle Lagermusik nahm einen ungleich breiteren Raum ein. In zahlreichen illegalen Veranstaltungen wurden Kompositionen aufgeführt, die sonst an keinem anderen Ort Deutschlands mehr zu hören waren, z. B. Werke von Felix Mendelssohn Bartholdy. Die Zusammenkünfte fanden heimlich statt. Einen Höhepunkt der illegalen Aktivitäten bildete die Aufführung der Parodie-Oper »Buchhäuser oder der Läusekrieg auf der Waldburg« zu Weihnachten 1943. Zur inoffiziellen Lagermusik gehörte auch eine Jazz-Formation.
Die Kompositionen der verschiedenen Gruppen wurden nach der täglichen Arbeitszeit unter unvorstellbaren Bedingungen geschrieben und einstudiert. Oftmals standen nur Fetzen von Tütenpapier zum Aufnotieren zur Verfügung. Es mangelte außerdem an Federhaltern und Schreibstiften. Erschütternd und ergreifend anzusehen ist im heutigen Lagermuseum das Fragment zu einem Requiem, das ein unbekannter französischer Häftling auf auseinandergefaltetes Tütenpapier schrieb.
Viele Lieder und Kompositionen, die in Buchenwald entstanden, sind vernichtet oder in den Nachkriegswirren verlorengegangen. Die erhalten gebliebenen zeugen allesamt von dem unbeugsamen Lebensmut der ehemaligen Häftlinge, ihrem Willen zum Widerstand und der Sehnsucht nach Freiheit. Diese Lieder halfen mit, internationale Solidarität zu stärken und die Zukunftsvision der Textzeile des Buchenwald-Liedes »Einst kommt der Tag, da sind wir frei« am 11. April 1945 durch die Selbstbefreiung zu realisieren.

Die Musikentwicklung von 1945 bis zur Gegenwart

Die Hochschule für Musik »Franz Liszt«

Nach der Zerschlagung des Hitlerfaschismus galten mit Unterstützung der sowjetischen Militäradministration alle Bemühungen zunächst der Beseitigung von Schuttmassen am Hochschulgebäude und der Bergung des noch vorhandenen Inventars. Nachdem Walter Schulz zum kommissarischen Direktor berufen war, gingen Lehrkräfte, Verwaltungsangestellte und ehemalige Studenten Ende Juli 1945 an die Aufräumungsarbeiten. So kam allmählich der Wiederaufbau des Palais in Gang. Für den 25. Mai 1946 wurde die Wiedereröffnung der Hochschule festgesetzt.

Sie bestand anfangs nur aus drei Abteilungen. Der »Hochschulabteilung« oblag die Ausbildung in Meisterklassen für alle Instrumente, Gesang und Dirigieren. Angeschlossen waren die Institute für Schulmusik und Kirchenmusik sowie ein Seminar für Privatmusikerzieher. In der »Orchesterschule« studierten Instrumentalisten, die nicht zur Meisterklasse gehörten, während die dritte Abteilung die Ausbildung der Studenten für Schauspiel und Oper übernahm.

Bereits Ende 1946 führten Hochschulorchester und -chor ihre ersten Konzerte durch. In den weiteren Vortragsabenden erklangen häufig Werke von Komponisten, die in den Jahren der braunen Barbarei verboten waren (unter anderem von Mendelssohn, Hindemith, Schönberg, Bartók, Prokofjew und Schostakowitsch).

Als erster Höhepunkt nach der Wiedereröffnung der Hochschule fand im Juni 1947 aus Anlaß des fünfundsiebzigjährigen Jubiläums der Orchesterschule eine Festwoche statt, in deren Mittelpunkt die Aufführung von Händels »Belsazar« stand. Das Institut für Schulmusik trat mit einer »Musikalischen Unterhaltung bei Anna Amalia« hervor, und die Meisterklassen sowie die Schauspielabteilung legten Zeugnis ihrer Ausbildungserfolge ab. Zahlreiche staatliche Preise förderten damals die Entwicklung eines demokratischen Musiklebens.

Im Winter 1947/48 gab es an der Musikhochschule einige strukturelle Veränderungen. Die Schauspielabteilung siedelte als selbständige Hochschuleinrichtung nach Belvedere über. Der Hochschule für Musik wurde ein Institut für Musikwissenschaft angegliedert.

Im März 1948 übertrug der bisherige Rektor sein Amt Ottmar Gerster, einem der führenden Komponisten dieser Zeit. Gerster schuf mehrere Kantaten und bühnenwirksame Opern (»Madame Liselotte«, »Enoch Arden«, »Die Hexe von Passau«, »Das verzauberte Ich« und »Der fröhliche Sünder«).
Besonders bekannt wurde die »Festouvertüre 1948« für Orchester zum Gedenken an die hundertste Wiederkehr des Revolutionsjahres 1848. Neben Liedern, Klavier-, Kammermusik und Instrumentalkonzerten komponierte Gerster auch drei Sinfonien. Die zweite, »Thüringische«, widmete er dem damals in Weimar wirkenden Hermann Abendroth.
Unter dem Rektorat von Gerster wurde eine neue Qualität der Hochschularbeit erreicht. Die Verbindungen zu Werktätigen in Großbetrieben und in der Landwirtschaft gestalteten sich immer enger. Dem dienten verschiedene Konzerte sowie der Abschluß von Freundschaftsverträgen.
1950 bezog die Hochschule für Musik am Platz der Demokratie das ehemalige »Landschaftsgebäude«. Sie erhielt damit ein repräsentatives Haus mit günstigen Räumlichkeiten. Im gleichen Jahre wurden die Volksmusikabteilung und die Opernschule ins Leben gerufen.
Nach dem Weggang Ottmar Gersters trat 1951 Willi Niggeling dessen Nachfolge als Rektor an. Hermann Abendroth übernahm eine Dirigentenklasse. Das im Herbst 1951 gegründete »Kammerorchester der Hochschule für Musik« entwickelte sich unter der langjährigen Leitung von Fritz Ehlers zu einem international bekannten Ensemble.
1955 wurde Werner Felix zum Rektor der Musikhochschule berufen. Nun standen die »stärkere Orientierung des Studiums auf die spätere Berufspraxis« und »qualitative Verbesserung der musikalischen Berufsausbildung« sowie die Förderung von Beststudenten im Vordergrund. Entsprechende Erfolge blieben nicht aus, und eine Reihe von Studenten und Absolventen konnte bei internationalen Wettbewerben Preise erringen.
1960 wurde das Institut für Pädagogik und Methodik gegründet, das Paul Michel viele Jahre lang leitete. 1960 richtete man auch das Abend- und Fernstudium ein. Wenig später kam die Abteilung Tanz- und Unterhaltungsmusik hinzu.
Einen Markstein in der Geschichte der Weimarer Musikhochschule bildete am 22. Oktober 1956 die Namensgebung »Hochschule für Musik ›Franz Liszt‹«.
Im Dezember 1965 übernahm der Komponist Johann Cilenšek die Leitung der Weimarer Musikhochschule. Er war mehrere Jahre Vorsitzender des Bezirksverbandes Thüringen der Komponisten und Musikwissenschaftler der DDR, gehört dem Zentralvorstand des Verbandes der Komponisten und Musikwissenschaftler der DDR an, ist Ordentliches Mitglied der Akademie der

Künste der DDR und deren Vizepräsident. Für sein kompositorisches Schaffen wurde Johann Cilenšek von der Regierung der DDR mit hohen staatlichen Auszeichnungen geehrt. Er erhielt u. a. zweimal den Nationalpreis der DDR. Johann Cilenšek leitet seit vielen Jahren eine Meisterklasse für Komposition an der Weimarer Musikhochschule. Fünf Sinfonien, eine Sinfonietta, mehrere Konzerte für Soloinstrumente und Orchester, Konzertstücke, Kammermusikwerke, Klavier- und Orgelwerke sowie Lieder stammen aus seiner Feder.

Von 1972 bis 1981 war der Musikwissenschaftler Hans Rudolf Jung Rektor der Weimarer Musikhochschule. Seither bekleidet der Pianist Diethelm Müller-Nilsson diese Funktion.

1972 beging die Hochschule für Musik Weimar ihr hundertjähriges Gründungsjubiläum mit einer Vielzahl von Konzerten und wissenschaftlichen Veranstaltungen. Während des Studienjahres 1972/73 erfolgte der Aufbau von Meisterklassen für Komposition (Johann Cilenšek) und Violine (Fritz Ehlers). Wenig später erhielten weitere profilierte Dozenten Lehrstühle für künstlerische und wissenschaftliche Disziplinen.

Die Hochschule für Musik »Franz Liszt« verfügt über mehrere wissenschaftliche Einrichtungen, die sonst keine andere Musikhochschule der DDR aufweist. Hierzu zählen die Abteilung Schulmusikerziehung und das Institut für Volksmusikforschung.

Die Abteilung Schulmusikerziehung wurde im Jahre 1946 durch Zusammenlegung des ehemaligen Instituts für Schulmusik mit dem Privatmusiklehrerseminar gegründet (Leiter: Richard Münnich). Innerhalb der Abteilung gewann die pädagogische, methodische und psychologische Forschung in zunehmendem Maße an Bedeutung.

Die Abteilung Schulmusikerziehung erwarb sich auch große Verdienste um die Organisierung und Gestaltung von Schul- und Jugendkonzerten sowie die Qualifizierung von Musikpädagogen. Sie führte seit 1959 alljährlich stattfindende »Weimarer Schulmusiktage« und ab 1971 das »Kurssystem der Lehrerweiterbildung« für Musikerzieher durch.

Auf künstlerischem Gebiet ist der leistungsfähige Kammerchor der Abteilung Schulmusikerziehung besonders zu erwähnen. Er trat mehrfach im Ausland, bei Arbeiterfestspielen, Chorausscheiden, bedeutenden gesellschaftlichen und künstlerischen Anlässen auf und erhielt 1971 den Titel »Ausgezeichnetes Volkskunstkollektiv«.

Das Institut für Volksmusikforschung wurde 1951 an der Hochschule für Musik gegründet. Sein langjähriger ehemaliger Leiter Günther Kraft und der jetzige Kustos Kurt Thomas sammelten vornehmlich volkskundliche Materialien aus dem Thüringer Raum. Das Institut dient mit seinen reichhaltigen Beständen (mehr als zehntausend Archivalien) vor allem der quellenkundlichen Erschließung des nationalen Kulturerbes und leistet der Volkskunstbewegung wesentliche Hilfe und Unterstützung. Lieder, Tänze, Bildmaterial, Filme, Tonaufzeichnungen und Informationen konnten von den Mitarbeitern dieser Einrichtung an Interessenten vieler Länder weitervermittelt werden. Zahlreiche wissenschaftliche Publikationen und Ausstellungen dokumentieren die Bedeutung dieses Instituts.

Die Spezialschule für Musik

Im Zuge der Heranbildung eines qualifizierten künstlerischen Nachwuchses wurde im März 1958 die seit 1951 bestehende Fachgrundschule für Musik in Weimar, Schloß Belvedere, der Franz-Liszt-Hochschule eingegliedert. Ziel dieser Maßnahme war es, talentierte Kinder zum Musikstudium vorzubereiten.

Kaum ein anderer Ort Weimars konnte für diese Ausbildung günstigere Voraussetzungen bieten als das reizvolle Schloßgelände von Belvedere mit seinem herrlichen Park, den ehemaligen Kavaliershäusern, Wirtschaftsgebäuden, Seitenpavillons und dem Studiotheater. Hier entstand ein Spezialschultypus, der in der Geschichte der deutschen Schule ein Novum darstellt. Neben der Vermittlung des Stoffes der zehnklassigen allgemeinbildenden polytechnischen Oberschule durch Pädagogen übernehmen Hochschuldozenten die künstlerische Fachausbildung.

1965 wurde auf Grund einer Vereinbarung zwischen dem Ministerium für Kultur und dem Ministerium für Volksbildung festgelegt, daß der Abschluß der Spezialschüler erst nach dem elften Schuljahr erfolgt. Dies bedeutet eine Dehnung des Stoffplans und ermöglicht den Schülern mehr Zeitgewinn für die Erlangung instrumentaler Fähigkeiten.

Jeder Spezialschüler erlernt ein Orchesterinstrument bzw. das Klavierspiel. Hinzu kommen Unterweisungen in Tonsatz, Gehörbildung, Musikgeschichte und anderen theoretischen Fächern. Der Förderung von besonderen Begabungen auf speziellen Gebieten wird großes Augenmerk geschenkt.

Der Chor der Spezialschule errang mehrfach den Titel »Hervorragendes Volkskunstkollektiv« und trat in vielen öffentlichen Konzerten, Rundfunk- und Fernsehsendungen auf.

Das Deutsche Nationaltheater Weimar und die Weimarische Staatskapelle

Bald nach Beendigung des zweiten Weltkriegs wurde der Wiederaufbau des Deutschen Nationaltheaters Weimar in Angriff genommen. Am 10. Juli 1945 begann mit einem Sinfoniekonzert zunächst eine »Vorspielzeit«. Das neuformierte Theaterensemble fand bis zum 28. August 1948 (der Wiedereröffnung des Deutschen Nationaltheaters) im großen und kleinen Saal der Weimarhalle eine interimistische Wirkungsstätte. Mit Mozarts »Entführung aus dem Serail« nahmen die Opernaufführungen ihren Anfang. Beethovens »Fidelio«, Verdis »Othello« und Hindemiths »Cardillac« waren die nächsten größeren Vorhaben.

In der schweren Zeit des Neubeginns leitete ab Oktober 1945 Hermann Abendroth die musikalischen Geschicke des Nationaltheaters und der Weimarischen Staatskapelle. Abendroth, von 1934 bis 1945 als Gewandhauskapellmeister in Leipzig tätig, war ein hervorragender Orchestererzieher. Für die vorbildliche Interpretation klassischer Werke verlieh ihm die Regierung der DDR zahlreiche hohe Auszeichnungen (1952 den Nationalpreis und 1954 den Vaterländischen Verdienstorden). Sein besonderer Einsatz galt den Sinfonien von Beethoven, Brahms und Bruckner. Aber nicht nur die Meister des deutschen Kulturerbes erfreuten sich der besonderen Pflege dieses Dirigenten, sondern auch Werken anderer Nationen und zeitgenössischer Komponisten widmete er sich. In den Sinfoniekonzerten erklangen Gersters »Thüringische Sinfonie«, Cilenšeks »Passacaglia«, Prokofjews und Schostakowitschs Sinfonien.

Als Operndirigent leitete er unter anderem Aufführungen von Mozarts »Zauberflöte«, Beethovens »Fidelio«, Wagners »Meistersinger« sowie »Tristan und Isolde«. Obwohl Abendroth in den Orchesterproben von den Musikern den höchsten persönlichen Einsatz erwartete, hingen sie mit seltener Hingabe an ihrem Chef. Sie spürten, daß hier eine überragende Künstlerpersönlichkeit am Dirigentenpult stand.

Neben dem Künstler verdient der Pädagoge Abendroth gewürdigt zu werden. Als Leiter einer Dirigentenklasse an der Weimarer Musikhochschule erblickte er seine Hauptaufgabe darin, den Studierenden »die inneren Zusammenhänge der Musik mit der geschichtlichen und kulturhistorischen Entwicklung zu vermitteln«. Er war ein strenger Lehrer, der auf Exaktheit der musikalischen Wiedergabe größten Wert legte. Zu seinen ehemaligen Schülern, heute führende Dirigenten, gehörten unter anderen Heinz Fricke und Günter Herbig. Hermann Abendroth schrieb mit seinem Wirken in Weimar ein Stück Musikgeschichte dieser Stadt in schwieriger Zeit.

Überblicken wir die in den ersten Jahren nach 1945 am Deutschen Nationaltheater aufgeführten Opern, dann finden sich Werke wie »Rigoletto«, »Cavalleria rusticana«, »Der Bajazzo«, »Don Pasquale«, »Madame Butterfly« und »Hoffmanns Erzählungen« im Spielplan. 1947 standen Wagners »Walküre« und Tschaikowskis »Eugen Onegin«, 1947/48 Boris Blachers »Flut« und Gian Carlo Menottis »Die alte Jungfer und der Dieb« im Mittelpunkt. 1948 brachte Rudolf Kempe mit großem Erfolg Richard Strauss' »Capriccio« zur Aufführung, und im gleichen Jahr wurde mit einer glanzvollen Wiedergabe von Verdis »Othello« unter der Leitung Hermann Abendroths das wiedererrichtete Deutsche Nationaltheater eröffnet. In der Spielzeit 1949/50 stand Ottmar Gersters Oper »Das verzauberte Ich« auf dem Spielplan.
1950 wurde Karl Kayser zum Generalintendanten berufen. Immer häufiger fanden nun Erst- und Uraufführungen statt: unter anderem Heinrich Sutermeisters Oper »Romeo und Julia« (EA), Werner Egks »Die Zaubergeige« (EA), Ottmar Gersters »Enoch Arden« (EA), Leoš Janáčeks »Jenufa« (EA), Chatschaturjans Ballett »Gajaneh« und Alan Bushs Oper »Die Männer von Blackmoor« (UA 1956).
Nachdem am 29. Mai 1956 Hermann Abendroth verstorben war, wurde 1957 Gerhard Pflüger, bisher Chefdirigent des Leipziger Rundfunksinfonieorchesters, als Leiter der Weimarischen Staatskapelle berufen. Er führte die große Tradition dieses Klangkörpers weiter und betrachtete es als wichtige Aufgabe, Komponisten der DDR besonders zu fördern. Pflüger orientierte überhaupt auf Neues, bisher Unbekanntes und erwarb sich bleibende Verdienste durch die zahlreichen Ur- und Erstaufführungen, die er in Konzert und Oper dem Weimarer Publikum präsentierte. Aus der stattlichen Bilanz können hier nur einige Beispiele stellvertretend für viele andere genannt werden: Paul Dessau, Bach-Variationen; Johann Cilenšek, Fünf Sinfonien; Fritz Geißler, Zweite und Fünfte Sinfonie; Siegfried Kurz, Zweite Sinfonie; Dmitri Schostakowitsch, Sämtliche Sinfonien. Doch auch die klassischen und romantischen Meisterwerke fanden durch Pflüger eindrucksvolle Wiedergaben. Sein Eintreten für das Neue trug ihm besonders die Sympathien der Jugendlichen und Studenten ein. Es war nur ein konsequenter Schritt, als, unter seiner Leitung und öfters mit eigenen Einführungsvorträgen bereichert, ab 1966 von der Weimarischen Staatskapelle zahlreiche Schul- und Jugendkonzerte durchgeführt wurden.
Pflüger übernahm auch eine Kapellmeisterklasse an der Hochschule für Musik »Franz Liszt«. Seine Gastdirigate und Auslandsreisen mit der Staatskapelle nach Polen, Rumänien, Bulgarien, Jugoslawien und in andere Länder trugen dazu bei, den Ruf Weimars als Musikstadt international zu bekräftigen. 1973

verabschiedete sich Gerhard Pflüger nach Erreichung der Altersgrenze mit einem Sinfoniekonzert von der Weimarischen Staatskapelle.

Zu seinem Nachfolger wurde Lothar Seyfarth berufen. In dessen Amtszeit fiel die Rekonstruktion des Deutschen Nationaltheaters Weimar. Von 1973 bis 1975 wurde dieses Haus mit einem Kostenaufwand von vierzig Millionen Mark grundlegend rekonstruiert, modernisiert und mit moderner Bühnentechnik versehen.

Vor 1978 bis 1980 hatte Rolf Reuter das Amt des Chefdirigenten der Weimarischen Staatskapelle und des Musikalischen Oberleiters des Deutschen Nationaltheaters Weimar inne. Er trat besonders für Werke von Franz Liszt und Richard Wagner ein. Unter seiner Leitung führte die Weimarische Staatskapelle mehrere Auslandsreisen durch, u. a. nach Italien. Wegen der starken Nachfrage nach Sinfoniekonzertkarten veranlaßte Rolf Reuter eine bedeutsame Neuerung: Die Sinfoniekonzerte werden seit 1980 jeweils wiederholt und finden nun donnerstags und freitags statt.

Nach dem Weggang Reuters lag die Leitung der Opern und Sinfoniekonzerte hauptsächlich in den Händen von Gastdirigenten. Seit vielen Jahren betreut Musikdirektor Rudolf Bräuer mit großer Umsicht die Repertoireopern. Er hat zudem sehr bemerkenswerte Aufführungen sinfonischer und chorsinfonischer Werke geleitet.

Die Funktion des Generalintendanten des Deutschen Nationaltheaters Weimar bekleidete von 1958 bis 1973 Otto Lang, danach Gert Beinemann. Seither bestimmten Werke von der Klassik bis zur Gegenwart das Spielplanrepertoire. Inszenierungen wie Mozarts »Zauberflöte« und »Die Entführung aus dem Serail«, Wagners »Tannhäuser« und »Meistersinger«, aber auch Jean Kurt Forests »Die Blumen von Hiroshima«, Robert Hanells »Griechische Hochzeit« und Rainer Kunads »Maître Pathelin« trugen diesem konzeptionellen Anliegen Rechnung. Die Zahl der Opern- und Balletturaufführungen, die das Deutsche Nationaltheater Weimar nach 1945 herausbrachte, ist beeindruckend. Hierzu gehören außer den bereits genannten Werken Karl Rudi Griesbachs »Marike Weiden« (1960), Uwe Ködderitzschs Ballett »Spartacus« (1961), Ottmar Gersters »Der fröhliche Sünder« (1962), Udo Zimmermanns »Levins Mühle« (Ringuraufführung 1973), Robert Hanells »Fiesta« (1974), Siegfried Matthus' »Omphale« (1976), Gerhard Rosenfelds »Der Mantel« (1978), Rainer Kunads Ballett »Münchhausen« (1980), Fritz Geißlers »Das Chagrinleder« (1981) und Sándor Szokolays »Samson« (1983). Außerdem ging eine stattliche Anzahl stark beachteter Erstaufführungen über die Weimarer Bühne. An neueren Werken seien genannt: Hans Werner Henzes Ballett »Maratona di danza«, Giselher Klebes »Jakobowsky und der Oberst«,

Boris Blachers »Preußisches Märchen«, Arif Melikows Ballett »Legende von der Liebe«, Eugen Suchoňs »Katrena«, Ottmar Gersters »Die Hexe von Passau«, Rudolf Wagner-Régenys »Der Günstling«, Paul Dessaus »Die Verurteilung des Lukullus«, Siegfried Matthus' »Der letzte Schuß« und Jan Cikkers »Coriolanus«.
Innerhalb der Weimarischen Staatskapelle wird der Kammermusikpflege breiter Raum gewidmet. Besonders hervorgehoben seien das »Kammerorchester der Weimarischen Staaskapelle«, das Bätzel-Quartett und das Bläserquintett.

Das künstlerische Volksschaffen

Nach 1945 setzte auch in Weimar ein Aufschwung des künstlerischen Volksschaffens ein. Zahlreiche Chöre, Instrumentalgruppen und Ensembles entstanden. Alte progressive Traditionen wurden aufgegriffen und mit neuem Inhalt weitergeführt. Ehemalige Angehörige des »Freundschaft-Sängerbundes« gründeten den »Volkschor Weimar«, aus dem 1967 das »Ensemble der heiteren Muse« des VEB Weimar-Werk hervorging. Die Hochschule für Musik »Franz Liszt« unterstützt die Qualifizierung der Laiensolisten. Zum »Ensemble der heiteren Muse« gehörten im Laufe der Zeit ein Solistenquartett, ein Männerquartett, ein Mädchenterzett und eine Mädchengruppe mit acht Sängerinnen und zwei Sprechern. Somit ergab sich die Möglichkeit, bei verschiedenen Anlässen in variablen Besetzungen wirksam werden zu können. Heute umfaßt das Ensemble einschließlich technischer Mitarbeiter rund sechzig Personen. Es wirkte bei Arbeiterfestspielen und zahlreichen gesellschaftlichen und betrieblichen Anlässen mit und erhielt die Auszeichnung »Hervorragendes Volkskunstkollektiv«.
Am Kulturhaus »Michael Niederkirchner« existiert noch eine Reihe weiterer Musikgruppen. Zu den besten Jazz-Formationen der DDR gehört das Manfred-Schmitz-Jazz-Trio, das mehrere erfolgreiche Auslandstourneen unternahm und auch im Fernsehen und im Rundfunk auftrat. Gemeinsam mit dem »Zirkel schreibender Arbeiter« des VEB Weimar-Werk errang es bei Arbeiterfestspielen zwei Goldmedaillen.
Die Weimarer Singakademie wurde 1963 gegründet. Sie bestritt jährlich mehrere Aufführungen größerer Werke, unter anderem im Rahmen des Bachfestes 1964, des Sängertreffens in Eisenach 1967 und der Thüringer Bachtage 1968. In Anerkennung ihrer Leistungen erhielt die Singakademie 1965 und 1967 bei Chorausscheiden Goldmedaillen sowie die Auszeichnung »Hervorragendes Volkskunstkollektiv«. 1970 wurde ihr der Kunst- und Literaturpreis der Stadt Weimar verliehen.

1977 erfolgte im Rahmen der Volkskunstbewegung der DDR die Gründung des Philharmonischen Chors Weimar. Er führt die progressiven Traditionen der Singakademien des 19. Jahrhunderts und der Arbeitersingebewegung fort. Der Philharmonische Chor Weimar ist eine Einrichtung des Rates der Stadt Weimar. Als Trägerbetrieb fungiert das Deutsche Nationaltheater Weimar.

Der Philharmonische Chor Weimar besteht aus dem Erwachsenen- und dem Kinderchor. Er hat die Aufgabe, chorsinfonische Werke und A-cappella-Literatur zu pflegen und bei Inszenierungen des Deutschen Nationaltheaters Weimar mitzuwirken. Seit dem Jahre 1977 absolvierte dieser Chor jährlich zwei bis drei Konzerte, wobei es in der Regel zu einem Zusammenwirken mit der Weimarischen Staatskapelle kam. Die Leitung des Philharmonischen Chors Weimar liegt in den Händen von Musikdirektor Eduard Lehmstedt.

Neben den genannten Chorvereinigungen gab es 1975 in Weimar dreizehn Schulchöre, elf Erwachsenenchöre und etwa zwanzig Singegruppen. Zu den profiliertesten Kinderchören der DDR zählt der 1964 gegründete Pionierchor Weimar unter der Leitung von Jochen Quasner. Er berücksichtigt in seinem Repertoire das musikalische Erbe ebenso wie das Gegenwartsschaffen. Lehrkräfte der Abteilung Komposition der Hochschule für Musik »Franz Liszt« gehören zu den »Hauskomponisten« des Pionierchors Weimar. Mehrfach konnte der Chor erste Preise und weitere Auszeichnungen erringen. Enge Kontakte bestehen mit ähnlichen Vereinigungen in der Sowjetunion, in Ungarn und der ČSSR.

Zu den hervorragenden Schulchören Weimars zählen die Chöre der Goethe-Oberschule, der Friedrich-Schiller-Oberschule und der Spezialschule für Musik Belvedere. Beachtlich ist die Zahl ihrer jährlichen Auftritte. Sie erhielten allesamt mehrfach die Auszeichnung »Hervorragendes Volkskunstkollektiv« und belegten bei Chorausscheiden vordere Plätze.

Unter den Laienorchestern steht an erster Stelle das Jugendsinfonieorchester der Musikschule »Ottmar Gerster«. Des weiteren existieren in Weimar das Pionierblasorchester am Haus der Jungen Pioniere, das Jugendblasorchester im Klubhaus der Jugend »Walter Ulbricht«, das Blasorchester des VEB Weimar-Werk, das Blasorchester des Handwerks und der Spielmannszug des Volkspolizeikreisamtes. Hinzu kommen an den einzelnen Schulen Instrumentalgruppen. 1975 gab es in Weimar vierzehn Laien-Tanzkapellen, von denen die Gruppe »BS« und die Gruppe »Bayon« die ersten Plätze behaupteten.

Das künstlerische Volksschaffen der Stadt unterstreichen recht eindrucksvoll einige Zahlen: 1975 wirkten hier hundertvierundsiebzig Volkskunstgruppen und Zirkel, davon sechsundsiebzig in Betrieben, Kulturhäusern und Hochschulen.

Besondere musikalische Aktivitäten der Stadt Weimar

Eine Darstellung des Weimarer Musiklebens wäre unvollständig, wollte man nicht auch die zahlreichen musikalischen und musikwissenschaftlichen Veranstaltungen erwähnen, die vom Rat der Stadt Weimar, Abteilung Kultur, dem Bezirksverband Erfurt der Komponisten und Musikwissenschaftler der DDR (Sitz Weimar), der Urania, der Bezirksleitung Erfurt und der Kreisleitung Weimar des Kulturbundes der DDR, dem Sender Weimar, der Konzert- und Gastspieldirektion Erfurt, den Nationalen Forschungs- und Gedenkstätten der klassischen deutschen Literatur und anderen Institutionen und Kultureinrichtungen initiiert werden.

Hervorgehoben seien besonders die Serenaden der Weimarischen Staatskapelle, die bis vor einigen Jahren im Innenhof des Stadtschlosses stattfanden und nun hauptsächlich im Schloßkomplex von Belvedere durchgeführt werden. Während der schönen Jahreszeit kann sich der Musikfreund hier wie in Tiefurt von dem Dreiklang architektonischer Schönheit, gepflegter Parkanlagen und musikalischer Kunsterlebnisse faszinieren lassen. Unvergessen werden auch jedem Besucher die Matineen im Liszthaus bleiben, wo renommierte Pianisten vor allem das Klavierwerk des »Genius loci« pflegen.

Es ist des weiteren zu berichten von profilierten Kammermusikvereinigungen, die sich seit Jahren mit Engagement und Enthusiasmus diesem Metier verschreiben und den Ruf der Musikstadt Weimar im In- und Ausland verbreiten. Genannt seien u. a. das Högner-Böhme-Trio, das Brahms-Trio und die Gruppe Neue Musik Weimar. Letztere profilierte sich zu einem leistungsfähigen Spezialensemble für die Aufführung von Werken neuer Musik. Viele Jahre lang schrieb das Klavierduo Juliane Lerche und Ingeborg Herkomer ein Kapitel der Weimarer Kammermusikpflege mit. Dieses Duo konzertierte häufig im In- und Ausland. Siegfried Rapp, der infolge einer Kriegsverletzung seinen rechten Arm verlor, profilierte sich nach 1945 als Pianist für einhändige Klaviermusik. Er zählte zu den weltbesten Vertretern auf diesem speziellen Gebiet. Der Weimarer Organist Johannes-Ernst Köhler gehört zu den international bekannten Meistern seines Instruments. Als Orgelvirtuose und genialer Improvisator erwarb er sich weltweite Anerkennung. Ausgedehnte Konzertreisen, zahlreiche Schallplatteneinspielungen, Rundfunkaufnahmen und Fernsehaufzeichnungen künden von dem imponierenden Können dieses Meisters der »Königin der Instrumente«. Zusammen mit seiner Frau, der Stadtorganistin Hannelore Köhler, initiierte er 1964 die »Stunde der Orgelmusik«. Sie findet in den Sommermonaten in der Herderkirche statt. Bedeutende Orgelvirtuosen aus dem In- und

Ausland wirken hierbei mit. Der Musikfreund hat somit die seltene Gelegenheit, innerhalb weniger Monate Meisterwerke der Orgelliteratur von Bach bis zur Gegenwart dargeboten zu bekommen.

Seit 1959 finden alljährlich im Juli die »Weimartage der FDJ« statt. Aus der gesamten DDR reisen ca. zweitausend Jugendliche in die Klassikerstadt, um sich mit den reichen kulturellen Traditionen Weimars vertraut zu machen und vielfältige künstlerische und kulturelle Eindrücke zu empfangen. An den Festtagen treten auch Studenten aus den künstlerischen Hochschulen der DDR auf. Das Große Sinfonieorchester der Musikhochschule Weimar veranstaltet im Rahmen dieses Festivals repräsentative Konzerte.

Während der alljährlichen Festtage »Ostern in Weimar« und der traditionsreichen Veranstaltung aus Anlaß von Goethes Geburtstag am 28. August im Garten des Hauses am Frauenplan kommt es auch zur Begegnung der Künste. Meister des Wortes und der Musik finden sich zusammen, um die großen Dichter und Musiker der Stadt zu ehren.

Alljährlich ist Weimar Veranstaltungsort der »Thüringer Bachtage«. Hierbei erklingen Passionen, Oratorien, die Messe in h-Moll, Kantaten, Kammer-, Orgel- und Klaviermusik von Johann Sebastian Bach.

In der Stadtkirche St. Peter und Paul (Herderkirche) werden des öfteren kirchenmusikalische Werke aus Vergangenheit und Gegenwart aufgeführt.

Der Bezirksverband Thüringen (jetzt Bezirksverband Erfurt) des Verbandes der Komponisten und Musikwissenschaftler der DDR veranstaltet seit 1952 in Weimar und anderen Städten »Thüringer Festtage für zeitgenössische Musik«. Er ist auch Initiator einer ganzen Anzahl weiterer Aktivitäten, zum Beispiel von Komponistenporträts, Diskussionskonzerten und einer Konzertreihe unter dem Titel »Begegnungen«.

Die Hochschule für Musik »Franz Liszt«, der Bezirksverband Erfurt des VKM und die Bezirksleitung Erfurt des Kulturbundes der DDR führen seit Jahren gemeinsam wissenschaftliche Kolloquien durch. Wissenschaftliche Konferenzen wurden u. a. 1975 zum Thema »Das Musikleben in Weimar – Tradition und Gegenwart« und zu speziellen Problemen der Musikgeschichte Weimars veranstaltet. Weitere Kolloquien behandelten die »Wirkung Beethovens auf die Um- und Nachwelt« (1977) sowie »Leben und Werk von Johann Nepomuk Hummel« (1978).

Jahr für Jahr im Juli erhält Weimar einen bedeutenden künstlerischen Akzent durch das Internationale Musikseminar, das im Auftrag des Ministeriums für Kultur der DDR seit 1960 an der Hochschule für Musik »Franz Liszt« veranstaltet wird.

Bereits Monate vor dem künstlerisch-pädagogischen Ereignis steigert sich von Tag zu Tag im Organisationsbüro die Betriebsamkeit. Da werden letzte Abstimmungen mit den einzuladenden Gastprofessoren vorgenommen und Prospekte zum Druck gebracht. Unmittelbar nach Fertigstellung gehen sie in alle Welt. Siebenhundertfünfzig Teilnehmer kann die Franz-Liszt-Hochschule maximal »verkraften«. Die Anmeldungen übersteigen aber in der Regel das Zwei- bis Dreifache dieser Zahl. Für Musikenthusiasten, die trotz Absage nach Weimar reisen, wird im letzten Moment oft noch eine Möglichkeit gefunden, wenigstens als Hospitanten dem Seminar beizuwohnen. Tage vor dem großen Ereignis müssen viele Weimarer Studenten ihre Internatsplätze für die Gäste frei machen; sämtliche Hotel- und Privatzimmer sind schon lange vorher ausgebucht.

Die Hochschule wird »rund um die Uhr« mit Verantwortlichen besetzt. Betreuer und Dolmetscher stehen bereit, um dem Andrang aus vieler Herren Länder gerecht zu werden. Während die Hospitanten noch die Ruhe vor dem Sturm genießen, sich mit Sehenswürdigkeiten Weimars vertraut machen und Muße finden, um am Nachmittag im Café Resi gegenüber dem Schloß einen Eisbecher zu verzehren, stürzen sich die Aktiven, etwa ein Fünftel aller Seminarteilnehmer, gleich nach dem Anreisetag in die Übungsräume der Hochschule und legen letzte Hand an das anspruchsvolle Repertoire, das am nächsten Morgen ihrem Meister vorgetragen werden soll. Unter Ausschluß der Öffentlichkeit wird hierbei manches anerkennende Wort gesprochen. Öfters fließen aber auch Tränen der Enttäuschung, wenn die Leistung vor dem unbestechlichen Ohr des Professors nicht bestehen konnte. In diesem Fall muß der hoffnungsvolle Aktive am nächsten Tag seinen Platz unter den Hospitanten einnehmen.

Ist das Musikseminar durch den Rektor der Franz-Liszt-Hochschule feierlich eröffnet, herrscht von früh 7 Uhr bis abends 22 Uhr Hochbetrieb in sämtlichen Übungsräumen. 9 Uhr vormittags beginnen die einzelnen Kurse, die in der Regel bis zum Mittag dauern. Doch manche Gastprofessoren unterrichten ihre besten Schüler auch noch an den Nachmittagen und abends. Beeindruckend ist es, wenn ein berühmter Virtuose den Zuhörern seine eigene Interpretationsauffassung praktisch demonstriert.

Während der vierzehn hochsommerlichen Tage in Weimar wird nichts »umgekrempelt«. Es geht um die Vermittlung von Anregungen und Erfahrungen für die Teilnehmer, die sie nach Beendigung des Musikseminars in der Praxis künstlerisch anwenden können. Und was für Schüler nehmen am Seminar teil! Neben echten Wunderkindern und noch unbekannten hochbegabten Kunst-Adepten sind auch junge Musiker vertreten, die auf den Konzertpodien vieler Länder bereits Rang und Namen haben, ja manchen Preis erhielten. Einige heute weltberühmte Künstler kennt der Verfasser dieses Buches noch aus der Zeit, da sie als lernbegierige Aktive das Weimarer Musikseminar besuchten. Nur wenige Namen mögen hier für andere stehen: Julia Hamari (Alt), Heinrich Schiff (Violoncello) und Peter Rösel (Klavier).
An den verbleibenden freien Abenden finden Konzerte hervorragender Seminarteilnehmer oder Gastprofessoren statt. Innerhalb der ereignisreichen Tage kommt es auch zu künstlerischen Fachgesprächen. Vorträge über Interpretationsprobleme werden gehalten, und Ausstellungen der Musikinstrumentenindustrie informieren über interessante Neuentwicklungen.
1979 hatten die Seminarteilnehmer im Rahmen einer »Bach-Akademie« Gelegenheit, sich in Kursen und Vorträgen mit speziellen Fragen der Bach-Interpretation zu beschäftigen. Diese Veranstaltungen waren im Hinblick auf den Internationalen Leipziger Johann-Sebastian-Bach-Wettbewerb 1980 von großem praktischen Wert.
Den Höhepunkt und Abschluß des Musikseminars bildet in jedem Jahr ein Sinfoniekonzert, dessen Programm der Leiter des Dirigentenkurses und hervorragende Interpreten gemeinsam mit der Jenaer Philharmonie bestreiten.
Nach vierzehn erlebnis- und arbeitsreichen Tagen wird dann das Internationale Musikseminar von einer Hornistengruppe »abgeblasen«. Professor Ludwig Streicher, immer zu einem Scherz aufgelegt, sowie sein stattliches Kontrabaß-Korps versammeln sich noch einmal und bringen vor der Hochschule dem hoch zu Roß sitzenden Großherzog Carl August ein letztes Ständchen. Erinnerungsfotos werden geschossen, und die Teilnehmer ziehen in alle Himmelsrichtungen, um sich nach Möglichkeit im nächsten Jahr wieder in Weimar zu treffen.
Für das hohe internationale Ansehen des Musikseminars künden viele Zeugnisse aus berufenem Munde. Hier seien die Worte der bekannten polnischen Pianistin Halina Czerny-Stefanska wiedergegeben:
»Ich halte dieses Internationale Musikseminar der DDR für das bedeutendste seiner Art in der Welt.«

Literaturverzeichnis

Abend, Barbara, Deutsches Nationaltheater Weimar. Ein Abriß seiner Geschichte. Teil I. Von den Anfängen bis 1945, in: Weimar – Tradition und Gegenwart, Heft 12, Weimar o.J.

Aber, Adolf, Die Pflege der Musik unter den Wettinern und wettinischen Ernestinern. Von den Anfängen bis zur Auflösung der Weimarer Hofkapelle 1662, Bückeburg und Leipzig 1921.

Besseler, Heinrich, Die Meisterzeit Bachs in Weimar, in: Johann Sebastian Bach in Thüringen, Weimar 1950, S. 106 ff.

Ders., Mozart und die »Deutsche Klassik«, in: Kongreßbericht Mozartjahr 1956, Graz – Köln 1958, S. 47 ff.

Festschrift der Hochschule für Musik »Franz Liszt« Weimar zum hundertsten Jahrestag ihrer Gründung als Orchesterschule, Weimar 1972.

Geschichte der Stadt Weimar. Im Auftrage des Rates der Stadt Weimar hrsg. von Gitta Günther und Lothar Wallraf, Weimar 1975.

Hamburger, Klara, Franz Liszt, Budapest 1973.

Huschke, Wolfram, Musik im klassischen und nachklassischen Weimar, Weimar 1982.

Jauernig, Reinhold, Johann Sebastian Bach in Weimar, in: Johann Sebastian Bach in Thüringen, a.a.O., S. 49 ff.

Lidke, Wolfgang, Das Musikleben in Weimar von 1683 bis 1735, Weimar 1954.

Moser, Hans Joachim, Goethe und die Musik, Leipzig 1949.

Raabe, Peter, Franz Liszt, Stuttgart 1931.

Schneider, Wolfgang, Kunst hinter Stacheldraht, Weimar 1973.

Die Stadtpfeiferei in Weimar, Eine musikkulturelle Studie von Curt Rücker, in: Neue Beiträge zur Geschichte der Stadt Weimar, hrsg. von Fritz Fink, Band 2, Heft 2, Weimar 1939.

Thomas, Kurt, Arbeitergesang – Arbeitermusik. Weimarer Schriften zur Heimatgeschichte und Naturkunde, Heft 25, Weimar 1974.

Bildnachweis

Schutzumschlag
Liszt-Denkmal von Hermann Hahn im Weimarer Park. Aufn. Klaus G. Beyer

33 Friedensfest in Weimar 1650. Links oben die Stadtpfeifer, in der Mitte rechts die Kantorei, unten links die Heerpauker und Trompeter. Kupferstich eines unbekannten Künstlers. Nationale Forschungs- und Gedenkstätten Weimar (im folgenden NFG Weimar)

34 Jugendbildnis J. S. Bachs. Ölbild um 1715 von J. E. Rentsch d. Ä. (?). Städtisches Museum Erfurt

35 Arretierungsurkunde J. S. Bachs. Staatsarchiv Weimar. Aufn. Eberhard Renno

36/37 Schloß Wilhelmsburg vor dem Brand 1774. Zeitgenössische Gouachemalerei. Aufn. Deutsche Fotothek Dresden nach Foto von Louis Held

38 Wittumspalais. Nach dem Schloßbrand von 1774 Wohnsitz von Anna Amalia. Aufn. Ernst Schäfer

39 Tafelrunde bei Anna Amalia. Aquarell von G. M. Kraus. Zentralbibliothek der deutschen Klassik Weimar. Aufn. Deutsche Fotothek Dresden
Christoph Martin Wieland mit seiner Familie. Gemälde von G. M. Kraus. Zentralbibliothek der deutschen Klassik Weimar. Aufn. Deutsche Fotothek Dresden

40 Schloß Ettersburg bei Weimar. Stich. Aufn. Deutsche Fotothek Dresden
Schloß Belvedere bei Weimar. Aufn. Deutsche Fotothek Dresden

41 Johann Gottfried Herder. Ölgemälde von Starck nach Tischbein. NFG Weimar

42 Goethe in seinem Arbeitszimmer, seinem Schreiber John diktierend. Öl auf Leinwand von J. J. Schmeller, 1829/30. Zentralbibliothek der deutschen Klassik Weimar. Aufn. Deutsche Fotothek Dresden

43 Goethehaus am Frauenplan. Aquarell von S. Rösel, 1828. NFG Weimar
Das zweite Komödienhaus 1825–1907. Aufn. Louis Held

44 Corona Elisabeth Wilhelmine Schröter. Ölgemälde von Anton Graff, um 1780. Schloßmuseum Weimar. Aufn. Deutsche Fotothek Dresden
Aufführung von Goethes Singspiel »Die Fischerin« im Tiefurter Park am 22. 7. 1782. Aquarell von G. M. Kraus. NFG Weimar

45 Johann Friedrich Reichardt. Kupferstich von B. H. Bendix nach S. Henry, 1796. NFG Weimar
Carl Friedrich Zelter von Carl Begas, 1827. Goethehaus Weimar. Aufn. Deutsche Fotothek Dresden

46 Beethoven und Goethe in Teplitz, 1811. Druck nach einem Gemälde von Carl Röhling. NFG Weimar

47 Der junge Felix Mendelssohn Bartholdy bei Goethe. Stich von C. E. Döpler. NFG Weimar

48 Mozart-Denkmal im Tiefurter Park. NFG Weimar
Johann Nepomuk Hummel. Kreidezeichnung von J. J. Schmeller. NFG Weimar

49 Weimar um 1805, gemalt von G. M. Kraus, Aufn. Louis Held

50 Großherzog Carl Alexander von Sachsen-Weimar. Lithographie von R. Lauchert. NFG Weimar
Großherzogin Maria Pawlowna. Pastell von J. F. A. Tischbein, 1805. NFG Weimar

51 Franz Liszt. Lithographie von J. Kriehuber, 1846. Aufn. Deutsche Fotothek Dresden
Die Altenburg in Weimar. Druck einer Zeichnung von Friedrich Preller d. Ä. NFG Weimar

52 Richard-Wagner-Steckbrief. Aufn. Deutsche Fotothek Dresden

53 Programmzettel der UA von Richard Wagners »Lohengrin«. NFG Weimar

54 Hector Berlioz. Ölgemälde von R. Lauchert, 1855. NFG Weimar
Peter Cornelius. Gemälde eines unbekannten Künstlers nach einem Foto. NFG Weimar

55 Franz Liszt im Kreise seiner Schüler in Weimar. Aufn. Louis Held

56 Franz Liszt in seinem Arbeitszimmer, 1884. Aufn. Louis Held

57 Liszt-Denkmal von Hermann Hahn im Weimarer Park. Aufn. Anita Schneider

58 Das großherzogliche Residenzschloß Anfang des 19. Jahrhunderts. Aufn. Anita Schneider
Musikzimmer des Residenzschlosses. Aufn. Deutsche Fotothek Dresden

59 Franz-Liszt-Hochschule, Am Palais (ehemaliges Franziskanerkloster). Aufn. Louis Held

60/61 Franz-Liszt-Hochschule, Hauptgebäude (ehemaliges Landschaftshaus, Fürstenhaus). Aufn. Ernst Schäfer

62 Johann Cilenšek. Privatfoto. Ottmar Gerster. Aufn. Ernst Schäfer
Hermann Abendroth. Aufn. Ernst Schäfer

63 Beethoven- und Bachhaus der Spezialschule für Musik im Schloßkomplex Belvedere. Aufn. Ursula Metzner

64 Internationales Musikseminar: David Oistrach und Fritz Ehlers. Aufn. Sylvia-Marita Plath

65 Internationales Musikseminar: Ludwig Streicher (Wien) mit seinen Kursteilnehmern am Denkmal Carl Augusts vor der Musikhochschule. Aufn. Sylvia-Marita Plath

66 Unterricht in der Musikschule »Ottmar Gerster«. Aufn. Anita Schneider

67 Der Pionierchor unter der Leitung von Jochen Quasner. Aufn. Anita Schneider

68 Das 1971 wieder aufgebaute ehemalige Stadthaus an der Ostseite des Marktplatzes. Nach dem Brand des Theaters 1825 fanden hier im Festsaal Konzerte und Opernaufführungen statt. Aufn. Anita Schneider

Deutsches Nationaltheater Weimar. Aufn. Anita Schneider

69 Die Weimarische Staatskapelle unter der Leitung von Lothar Seyfarth. Aufn. Günther Dietel

70 Johannes-Ernst Köhler an der Orgel der Stadtkirche St. Peter und Paul (Herderkirche). Aufn. Ernst Schäfer

71 Herderkirche. Aufn. Ernst Schäfer

72 Schloßturm mit Torbau des Schlosses, auch »Bastille« genannt. Aufn. Anita Schneider

Inhalt